津巴多
时间心理学

挣脱束缚、改写命运的
6种时间观

［美］菲利普 · G. 津巴多（Philip G. Zimbardo）
［美］罗斯玛丽 · K. M. 索德（Rosemary K.M. Sword） 著

林晓萍 译

Living and Loving
Better with
Time Perspective Therapy

Healing from the Past, Embracing the Present,
Creating an Ideal Future

机械工业出版社
CHINA MACHINE PRESS

图书在版编目（CIP）数据

津巴多时间心理学：挣脱束缚、改写命运的 6 种时间观 / (美) 菲利普·G. 津巴多 (Philip G. Zimbardo),
(美) 罗斯玛丽·K. M. 索德 (Rosemary K. M. Sword) 著；
林晓萍译 . -- 北京：机械工业出版社，2024. 8.
ISBN 978-7-111-76081-8

I. C935

中国国家版本馆 CIP 数据核字第 2024VB1589 号

机械工业出版社（北京市百万庄大街22号　邮政编码100037）
策划编辑：曹延延　　　　　责任编辑：曹延延　　彭　箫
责任校对：张爱妮　李　杉　责任印制：常天培
北京科信印刷有限公司印刷
2024 年 11 月第 1 版第 1 次印刷
170mm×230mm·13.5印张·1插页·160千字
标准书号：ISBN 978-7-111-76081-8
定价：69.00元

电话服务　　　　　　　　　网络服务
客服电话：010-88361066　　机　工　官　网：www.cmpbook.com
　　　　　010-88379833　　机　工　官　博：weibo.com/cmp1952
　　　　　010-68326294　　金　书　网：www.golden-book.com
封底无防伪标均为盗版　　机工教育服务网：www.cmpedu.com

献给我的孙儿们，
菲利普·约翰·津巴多（小熊猫）和维多利
亚·利·津巴多（小兔子）
——菲利普·G. 津巴多

献给里克·摩西·索德
——罗斯玛丽·K. M. 索德

几年前,《让时间治愈一切:津巴多时间观疗法》(*The Time Cure:
Overcoming PTSD with the New Psychology of Time Perspective Therapy*)
一书出版之后,编辑找到我们,邀请我们为网站供稿,并开设一个博客
专栏。我们欣然应允。那时,随着遣往伊拉克和阿富汗的士兵陆续回到
美国,创伤后应激障碍(以下简称"PTSD",包括痛苦、抑郁、焦虑和
压力等情绪)成为媒体关注的热点问题。许多回到美国的士兵因为患有
与军事服务相关的 PTSD,无法融入正常的公民生活。那时我们诊所接
待的来访者中,有 2/3 患有严重乃至极端的 PTSD,其中很多人都是退
伍士兵。我们调查并研究了时间观疗法在帮助人们克服 PTSD 方面的惊
人效果,同时我们也发现时间观疗法对于那些遭受抑郁、焦虑,承担巨
大压力以及面临各种生活问题的人都非常有效。

起初,我们开设专栏是为了传播 PTSD 的相关知识,同时介绍时间
观疗法对于 PTSD 治疗的作用。但在专栏推出后不久,我们陆续收到一
些寻求其他方面帮助的邮件,那些问题和 PTSD 完全无关。根据"拇指
规则"(在新闻媒体、商业产品、广告等领域的众多案例中都行之有效),

但凡有一个人觉得有必要花时间站出来表达自己的问题或观念，那么他背后很可能有一群面对同样问题，却出于各种原因没有发声的人。我们回复了每一封私人邮件，但同时觉得有必要回应他们背后那个沉默且庞大的群体。所以我们拓宽了专栏的内容：探索时间观，尤其是修正后的时间观，如何在更宽泛的场景下对更多的人发挥作用。我们发现这种便捷、通用的时间观确实能为更多人提供帮助。

我们的专栏当中既有关于积极经历的内容，也有关于消极经历的内容，但我们很快发现后者的读者数量远多于前者。我们认为原因在于读者在面对积极经历时通常不需要帮助，只有在面对消极经历时才需要！随着专栏越来越受欢迎，我们越发觉得文章虽然能传递很多信息，但毕竟有限，每个主题其实还有更多东西可以分享。因此，我们翻阅了所有已完成的专栏内容，以及专栏下的评论（很多评论对我们的进一步研究都很有启发性）。仔细思考之后，我们决定把精力集中在读者点击量最多的几个主题上。这些主题构成了本书的章节。

通过阅读本书，你将了解时间观疗法的基础知识，以及该疗法在解决生活问题、优化人际关系上的应用。总的来说，时间观疗法就是审视自己的时间观，了解自己对过去、现在、未来的看法是积极的还是消极的。如果发现自己采用了消极的方法看待时间，则可以通过增加积极看法来平衡时间观，过上更平衡的生活。

这个方法虽然简单，但对帮助我们走出过往的负面经历尤为有效。在时间观疗法中，对于过去的负面回忆是过去消极时间观的表现。每天，这些不愉快的过去都在影响我们当下的思考方式、认知方式和感觉，也影响着我们对于未来的看法，只是我们可能未曾察觉。时间观疗法还能帮助我们改变当下不健康的行为模式，如现在的宿命论。过去的负面经历可能会导致我们陷入现在的宿命论，从而采取不同于以往的行为，或者在本该高兴的时候变得难过。

当我们因为过去的负面经历或者当下的艰难处境闷闷不乐时，就容易犯错，容易过得浑浑噩噩，远离我们曾经的亲朋好友。我们觉得不被理解，觉得自己的生活比别人艰难。在本书中，你将了解很多真实故事。这些故事的主人公要么克服了过去负面经历的巨大影响，从而重新和亲人朋友建立了联系，过上丰富快乐的生活；要么曾经处于毒性关系，面对过霸凌和排挤，但最终取得了胜利。他们是如何做到的？答案就是，把对过去消极经历的关注转移到对积极经历的关注上，进行有选择性的现在享乐，同时努力创造积极美好的未来。你也可以和他们一样！而你需要做的就是培养一种更平衡和合理的时间观。

本书会提供一些简单的工具和真实案例，帮助你更全面地了解自己的生活。它还将帮助你放下和治愈过去，教会你欣赏和拥抱当下，以及为自己和自己所爱的人创造更美好的未来。

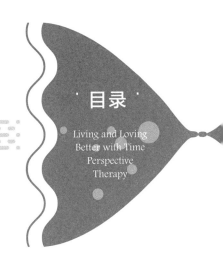

· 目录 ·

Living and Loving
Better with Time
Perspective
Therapy

第4章　回避：最极端的拒绝　/ 73

第5章　性与时间观　/ 87

第6章　育儿方式与时间观　　/ 109

第7章　压力对时间观的影响，以及应对之道　　/ 133

CHAPTER 1
第1章

时间观如何影响你的生活

如果你人生中所有的不愉快（毒性关系，糟糕的境遇，患得患失的情绪，遭受的头痛，持续不断的身体折磨、精神折磨和情感折磨）都可以转变，会怎么样呢？如果能发自内心地快乐并有意义地活着，能改变那些造成你不愉快经历的破坏性思维模式和行为方式，能摆脱那些使你沮丧并且阻碍你前进的糟糕的人和事，会是什么感觉呢？如果你发现你一直看错了方向（总是回顾过去的负面经历，而不是看向充满无限希望的未来），你会如何？如果改变这一切只需要你简单地转换思维模式，学会关注自己对过去、当下、未来的时间观呢？难道你不想妥善地处理和他人（从伴侣、家人、同事、同学到朋友）的关系吗？你也许想问：真的只需要改变看待世界的方式，这一切就能发生吗？这真的可行吗？

接下来，请认真思考这个问题：如果你知道改变的方法，而且有能力做出改变，你愿意尝试吗？如果你的回答是肯定的，一切已准备就绪，那么本书正是你需要的，我们希望能带你找到通往改变的道路。如果你还不确定，或者说有点怀疑，不妨读一读本章内容，再决定是让自己沉溺于灰暗的过往，还是迈向有活力的崭新未来。

⏳ 提示：接下来的内容可能会引起你的不愉快（尤其是如果你曾经身陷在不良关系中）。

"你胖得像头猪！你这个疯婆娘！这屋子脏得像猪圈！你怎么这么懒！"

詹妮弗坐在沙发上，手捂着头，用力蜷缩着身子。她和男朋友李已经同居一年，对于这种咆哮早已见怪不怪。但这次不一样。当李盯着她大喊大叫，指责她一无是处、一文不值时，詹妮弗无法自制地颤抖。不知何故，最初吸引李的那个坚强、自信、独立的女孩已不复存在，现在的她显得惊慌失措、畏畏缩缩。每当李暴跳如雷时，她都会陷入一种应激状态——先是焦虑和恐慌，然后是一阵阵的抑郁，每天都是如此。她担心这种状态会对她的精神造成永久性的伤害——也许更糟，说不定年纪轻轻就中风，或者心脏病发作。

"好吧，你有什么要为自己辩解的吗？"李朝她轻蔑地说。

詹妮弗抬起头，打量了一下李：她看到了他眼神中的疯狂，脖子上凸起的血管，嘴角边的泡沫，就像一头疯狂的野兽。"怎么不骂人了？"她冷冷地说了一句。一听到这句话，李更是火冒三丈，破口大骂。他从詹妮弗摆书的架子上随手抓了几本，朝她扔去。詹妮弗身在这暴力的场景中，但一部分思绪已游离在外，想着如何向同事解释这些伤痕，应该找什么借口。当詹妮弗起身准备离开房间时，李抓住她的手腕，告诉她哪儿都不能去。她看着他的眼睛，却觉得眼前的这个男人如此陌生。此刻，她成了一名受害者，而她所爱的这个男人变成了一个残酷的霸凌者。她告诉李，再不放她去趟厕所，她就要尿在地毯上了。李松开了手，跟着她到走廊的另一端。

　　詹妮弗关上浴室门，把自己反锁在里面。接下来的半个小时，她一直蹲坐在马桶上，听着门外的动静。李一会儿摔东西，一会儿疯狂捶门让她出来。詹妮弗知道，李坚持不了多久，累了就会离开这里。在听到李大吼着要出门买醉后，她小心翼翼地打开浴室门，打电话让姐姐几分钟后来接她，打包好行李后就到约定的小路上等车来。

　　詹妮弗的耐心早已消磨殆尽。她不希望这些毒性关系引发的混乱场面在生命中不断重演。她想要的只是简简单单的幸福。曾经她以为和李谈恋爱能让她获得这种幸福。詹妮弗的姐姐曾在我们的心理诊所做过咨询，她告诉詹妮弗我们开发的时间观疗法让她学会了以新的方式看待时间，帮助她克服了车祸带来的PTSD。她建议詹妮弗来这里做咨询。咨询中，詹妮弗向我们透露了家庭情况。她有两个姐姐，她是家里最小的孩子，她们从小就要面对各种家庭暴力。父母常年争吵，父亲不时会对女儿和妻子施暴，在女儿成年之后也依然拳脚相向。为此，詹妮弗的两个姐姐早早就离开了家庭，只剩她一人独自面对这一切。

　　詹妮弗的初恋发生在十三岁，对方是一个大她四岁的男孩。这件事让詹妮弗自觉与众不同，毕竟吸引到了大男孩的是她，而不是那些闺密。这确实说明那时的詹妮弗比其他小姐妹更成熟、更吸引人。此外，想到以后父亲发火时有人能挺身而出保护她，詹妮弗硬气了不少。但没过几个星期，这个男生就开始口出恶语，辱骂詹妮弗，或者因为詹妮弗没做一些事情而指责她。对于这些，詹妮弗一开始逆来顺受，直到一个朋友告诉她这个男生背着她和几个女孩在一起时，才想起要反抗。当詹妮弗找他对质时，这个男生提出分手，并告诉詹妮弗，有好几个女生都对他感兴趣，自己没必要忍受詹妮弗哭哭啼啼的样子。

对詹妮弗来说，十三岁的这段关系是她遭遇的诸多毒性关系中的第一段，而和李的那段是最后一段。但在和我们一起梳理所有的经历后，詹妮弗终于意识到她和父母的关系才是所有毒性的源头。每当进入一段恋爱关系，她就会学着父母的样子。詹妮弗深陷过往负面经历的泥沼，总是用她唯一熟悉的方式处理每段关系。这些毒性关系让她长期生活在紧张、焦虑和抑郁之中。她觉得自己注定一生不幸，一生得不到爱情。但是在短暂地接受时间观治疗之后，她学会了用积极情绪取代消极情绪，学会不执着于过往而是面向未来，学会为自己创造更光明、积极的未来，并享受当下的美好。

负面情绪的温床

生活中，我们会经历不同程度的压力、焦虑，乃至抑郁，这些都是负面情绪的温床。我们最初的压力体验来自孩童时期的一些事情，比如第一次上学、第一次看牙医、第一次接种疫苗、第一次演讲、第一次约会。或许这种压力体验还可以再往前追溯到婴儿时期哭着求喂养、求抱抱的体验。面对生活中的种种压力，我们向父母、朋友学习，或者从自己过往的经历中总结应对之法——有时是健康的应对方式，有时则不然。幸运的话，我们最终能建立起一套抵抗压力的方法。若是不那么幸运，我们可能会陷入长期焦虑和抑郁的状态。接下来，我们先花点时间来了解人类自身，看看压力、焦虑和抑郁是如何在人类几千年的历史中不断发展起来的。

压力：痛苦的根源

从呱呱坠地到入土长眠，我们的祖先终其一生都生活在恐惧营造的紧张氛围中。他们随时可能面临危险：或许是沉睡时被剑齿虎吃掉；或许是外出觅食时被猛犸象踩死；或许是因为跟某个氏族成员的配偶调情，从背后被捅了一刀；又或许是冻死于风雪中，几万年后才被后人发现。他们的生活就是在两种应激状态中不断切换，肾上腺素的阀门一开，要么战斗，要么逃跑。为了适应危险环境带来的压力，祖先们在生活的方方面面都进行了创新：用动物的皮毛制衣御寒，用植物的枝干造屋栖身，发明农耕技术，改良钓鱼工具和钓鱼技术，不断改进狩猎和自卫的武器，还有在自家后院种植可食用的植物，这些最终推动了人类文明向前发展。只可惜，虽然人类在进步，但压力也在随之"进化"。

焦虑：压力的产物

人类文明演进、人口总量增加、洲际人口流动使人类生活变得越来越复杂。日常的部落规则演变成了依靠权力机关来保证执行的法律条文。自我意识发展到开始思考肉体死亡之后会发生什么。精神理想、道德伦理经过不断讨论沉淀为信仰。随着我们更了解周围环境，比如懂得通过种植植物、饲养动物来满足温饱、医疗、住宿等需求，工作的专业化程度越来越高，一些人在各自的领域内成为专家。围墙和栅栏竖起了一条有形的界线，隔开了邻里。资源（更新或更优质的土地、更壮实或更迅猛的动物、更漂亮的女人）争夺和财产保护开启了"武力较量"，从雇用几个打手，到组织武士团体，再到组建军队。土地所有者通过监管机构指挥军队，实现了财富积累和势力扩张。这种惊人的增长和扩张造就了更多复杂的生活场景同时引发了一些新问题，也带来了不同于以往、各种各样更高层次的压力。

西方医生一直效法希腊医生希波克拉底的治疗方式。希波克拉底是西方医学之父，同时被认为是有史以来最伟大的思想家之一。他创立了希波克拉底医学学派，不仅将医学确立为一门学科，其撰写的希波克拉底誓言也沿用至今，一代又一代的医疗从业者宣誓遵守希波克拉底誓言，秉承道德和诚实的原则行医。在希波克拉底看来，悲伤（沮丧）和恐惧（焦虑）是"抑郁"的特质，而抑郁是一种深度悲伤或者阴郁情绪（想想《小熊维尼》中的小毛驴屹耳）。

焦虑

简单来说，焦虑（anxiety）就是对未来可能遭遇不顺的一种强烈恐惧或担忧；此处的"未来"可以是几秒后，也可以是几分钟后，乃至更远的未来。以下是《韦氏词典》对"anxiety"的定义：

1. 痛苦不安、忧心忡忡的精神状态，通常是因为早有征兆的疾病，包括以下两部分内容：

（2）令人恐惧的事物；

（3）引发焦虑的原因。

2. 一种异常的、强烈的恐惧和忧虑感，生理上通常伴有出汗、紧张、脉搏加速等症状，心理上对各种事情预兆的真实性和本质持怀疑态度，同时担心没有能力应对。

焦虑和恐惧有本质的区别。恐惧是面对切实导致我们痛苦、伤亡事件的情感体验，如纽约居民对"9·11"恐怖袭击事件的感受。但如果远在夏威夷毛伊岛的居民也因这个事情产生相同的心理和生理反应，那么这些反应则属于焦虑——一种"杞人忧天"式的恐惧。

抑郁：压力的隐患

早上一睁眼，你就要面对各种任务的夹击：起床、刷牙（记得用牙线）、做上班准备、做早餐、坐车去上班、安排一整天的计划、和你讨厌或讨厌你的人打交道，然后再坐车回家，做晚餐，本想和爱人亲密一下，最后却选择了睡觉，甚至忘记刷牙或忘记吃药。你日复一日地重复上述流程，感觉自己就像电影《土拨鼠之日》（*Groundhog Day*）中的比尔·默瑞（Bill Murray），每天都是昨日的重现。如果你已为人父母，尤其还是单亲父母，生活将更是一团乱麻。你知道自己应该知足，应该对自己拥有的一切心怀感激，但心里还是空落落的。你看不到生命中的各种美好，反而慢慢陷入名为"抑郁"的蓝色深渊。简而言之，你默默告诉自己，"生活就是一团乱麻""它只会越来越糟""没有什么能够改变这个事实，闭嘴认命吧"。

"蓝色情绪"这一说法从几百年前开始就已经存在了。关于这种说法的起源有诸多争议，其中一种认为"蓝"来自"蓝色恶魔"一词，是该词的简称。从古至今，人类还是倾向于将所有认定为负面的事情归因于外部力量，情绪不佳、精神疾病也不例外。早在 17 世纪，人们就认为是蓝色恶魔导致人类产生了抑郁情绪。医学界多年来一直借用这一说法，用"蓝色情绪"代指情绪低落或者抑郁状态。经过深入剖析，研究人员发现，抑郁情绪虽然有多种表现方式，但它们有一个共同点：陷入这种情绪的人都感到深深的压抑，如同蓝色恶魔就坐在肩膀上一样。换句话说，这种情绪会让你觉得各方面陷入低谷：精神低迷（可能是由于睡眠不足或睡眠过多）、情绪低落（没法一直将生活美好挂在脸上）、性欲低下（抱歉，就是不感兴趣）、耐心减退（以前能容忍伴侣不冲马桶或者将碗碟堆在洗碗槽里，现在看到就想发火）。

我们之所以感到抑郁，大多是因为遇到了什么糟心事。它们不一定发生在当下，但此刻就是在你的脑海里挥之不去。也许是最近和另一半分手了，也许是想到了离世的亲朋好友，也许是做了一些让你后悔莫及的事情，也许是想到了一些让你伤心透顶的人或事。不管你怎么努力，都控制不住地想起这些事情。为了缓解这些压力和抑郁情绪，你或许会选择：

（1）酗酒；

（2）乱花钱；

（3）胡吃海塞；

（4）拒绝进食；

（5）封闭自己；

（6）避免与他人接触以及出席活动；

（7）_____（请补充）；

（8）上述所有选项。

日常抑郁情绪和严重临床抑郁症的区别请见以下内容。

抑郁情绪

偶尔有抑郁情绪（depression）是正常的生活经历。我们再来看看《韦氏词典》对"depression"的定义：

一种按压的行为，或者一种被压抑的状态，如：

1. 向下按压；

2. ①一种感到悲伤的状态：沮丧；②一种精神疾病或者精神障碍，主要表现包括悲伤、不活跃、思考困难和注意力不集中，食欲和睡眠时间显著增加或减少，感到沮丧与绝望，有时还有自杀倾向；

3. ①参加活动的次数、质量和投入程度均不如往常；②活力和功能活动状态减弱。

重度抑郁症状

重度抑郁是一种慢性疾病（持续时间长且经常反复发作），其症状比上述短期或轻微抑郁情绪更严重。如果你有下文所列举的部分或全部症状，你可能患有重度抑郁。遇到这种情况，建议你尽早看医生，或者向心理健康专家寻求帮助。

重度抑郁症状包括：

- 感到压抑、难过，想大哭一场，并且有一种空虚感。这种压抑的情绪难以隐藏，容易被他人察觉并引起他人关心询问。

- 对曾经喜欢的事情失去兴趣，并且做这些事时享受不到乐趣；不想做任何之前觉得有趣的事情。

- 拒绝与他人接触，喜欢独来独往，可能不与家人同桌吃饭，或者与家人一起外出时选择待在家里。

- 没有刻意减肥或增肥，但体重明显下降或上升（一个月内上升或下降的量超过体重的5%）。

- 无法入睡，或者睡眠过多；起床困难，总是觉得睡不够。

- 易激惹或发怒（儿童和青少年患者也可能有易怒的症状）；会因为以前不在乎的事情感到烦恼、愤怒。

- 感觉疲劳或筋疲力尽；不像过去一样积极进取。

- 感觉自己毫无价值（我对任何人都毫无用处，包括对我自己），或者感到非常内疚（我为什么要这样说，我当时在想什么，是我搞砸了所有事情）。

- 难以集中精神，并且难以正常思考；无法做决定（我不知道该做什么，不知道走哪条路）。

- 不断想到死亡（没有我，这个世界会更好）或自杀，可能没有详备的计划（我想要杀死自己，但还没想好怎么做），也可能已制订好自杀计划（我想杀死自己，而且知道具体应该怎么做），或者可能已尝试过自杀。

时间观的诞生

我们的行为和反应都是自己决定的，其中一些行为符合我们的最佳利益，例如"虽然我不想出门散步，但天气很好，运动对我有利，我还是出去吧"。当然，也有些行为不那么明智。同样值得关注的是我们没做的那些事，抉择之后放弃的那些行为。对于那些正确的抉择，我们会拍拍肩膀表扬自己："交警在后面，还好没闯红灯。"对于那些不正确的抉择，我们会狠狠责备自己："昨天应该去跑步的，这暴雨恐怕要持续好几个星期了。"

不过，我们可能没有意识到，我们所做的几乎每个决定都与自身对时间的心理感知或者说时间观有莫大的关系。各种日常经历塑造了我们对时间的观念，决定了我们的行为以及对行为结果的预估。或许你现在该问问自己，你的心理时间感知是如何在不知不觉中影响所有那些或大或小的决定的。这是一个极其复杂矛盾的过程。有时候，我们做决定时关注的是当下，比如当下的处境、当下的感受、当下别人正在做或者正让我们去做的事、当下人们关注的事情。有时候，我们又会忽略当下，聚焦过去，想起之前那些或积极或消极的类似经历。有时候，我们甚至会考虑当下行为在未来可能产生的影响，我们在未来将获得什么，或者可能失去什么。这三种时间观从心理上潜移默化地引领我们走向不同道路，有时能让我们寻找有趣的事物，有时能让我们避免灾祸，有时还能引领我们走向成功。

时间观疗法使我们能够决定自己看待过去、现在、未来的方式，帮助我们审视自身时间观存在的问题，找到通往理想生活和美好生活的阻碍因素。

完成测验

　　津巴多时间观量表（ZTPI）开发于 30 多年前。津巴多通过组织焦点小组讨论、访问各界人士、调查上千名涵盖各年龄段的对象编制出此表，并在多次完善后确立下来。该表的信度（每次测量结果一致）和效度（能准确预测一系列其他特点和行为）俱佳，可用于判定被测者的时间观是否出现严重失衡。为了确保结果真实，建议您先完成量表测验，再阅读其后的时间观描述语。量表中的每项描述都对应某一具体时间观，包括过去消极时间观、过去积极时间观、现在宿命时间观、现在享乐时间观、未来时间观。

　　津巴多时间观量表压缩版如下所示，包含 15 个问题，可供读者测量个人时间观。压缩版量表的测量准确性已经过研究认证。（当前津巴多时间观量表的体量很大，因此关于超越未来时间观的部分单独列出。）注意：完整版量表也可见本书附录。

津巴多时间观量表压缩版

　　阅读以下各项并如实回答：下列问题在多大程度上符合我的情况？在下列选项中勾选最恰当的一项。

　　1 分：完全不符合

　　2 分：不符合

3 分：一般

4 分：符合

5 分：非常符合

请回答下列问题。

1. 我总是想起过去不愉快的经历。

2. 过去的痛苦经历总在我脑海中重现。

3. 我很难忘记少年时期那些不愉快的画面。

4. 儿时熟悉的画面、声音、味道经常让我想起许多美好的记忆。

5. 美好时光的快乐回忆总是不经意就浮现在脑海中。

6. 我喜欢听人谈论"过去美好时光"中发生的事情。

7. 如今的生活太复杂了，我更喜欢过去的简单生活。

8. 要来的总会来，我做什么都无济于事。

9. 运气通常比努力更重要。

10. 我因为一时冲动做决定。

11. 冒险让我不至于陷入无聊的生活中。

12. 我的生活需要一些刺激。

13. 当我想做成什么事时，我会设定目标并考虑达成目标的具体方法。

14. 确保在明天的截止日期之前完成任务以及做好其他必要的工作比今晚的娱乐更重要。

15. 我稳步推进工作，按时完成任务。

得分：

计算你在以下各类时间观中的总得分：

过去消极时间观_____（包含问题：1，2，3）；

过去积极时间观_____（包含问题：4，5，6）；

现在宿命时间观_____（包含问题：7，8，9）；

现在享乐时间观_____（包含问题：10，11，12）；

未来时间观_____（包含问题：13，14，15）。

说明：

得分最高的那项代表你的主要时间观。得分最低的那项，可能是你用得比较少，或者根本不用的时间观，具体根据分值判定。如果所有题目或者大部分题目你都打3分，可能是因为做测试或做决定这件事让你感到焦虑。遇到这种情况，可以在晚些时候进行重测，看看分数是否有所改变。但在大多数情况下，都是某一项分数偏高，某一项分数偏低。

尽管每项分数在说明你的整体时间观的构成方面都很重要，但最高或最低的那一两项得分才是判定你的行为成因的主要因素。了解自己的主要时间观能帮助你在必要时刻用积极时间观来中和相应的消极时间观，进而优化整体时间观。请记住：这些信息仅供个人参考。本次测验结果不作评价之用，但该结果在描述个人时间观上相当准确，在你读完下面的章节后应该会有所体会。

六种主要的时间观

1.持有**过去积极时间观**的人关注"逝去的美好时光"。他们对每个传统节假日都翘首以盼，喜欢保存跟过去相关的纪念品，收集老照片。他们身边还可能有在儿时就结交的朋友。

2.持有**过去消极时间观**的人关注过去的糟糕经历。他们的世界充满悔恨和许多"本可以……"的事情。他们悲观地看待生活和世界。许多持有这种时间观的人倾向于认为自己是"现实主义者"，他们认为自己看到的世界才"真正"真实。

3.持有**现在享乐时间观**的人生活在当下。他们的生活目标是追求快乐、满足、全新而独一无二的体验。持有该时间观的人经常通过追求这些目标避免痛苦，他们可能有成瘾人格。

4.持有**现在宿命时间观**的人认为一切都是命中注定的。他们的命运、未来都已有定数，自己几乎或者完全无法掌控，所有的行动都将是徒劳无功。在持有该时间观的人中，一些可能是出于宗教信仰，而另一些可能是基于对自身贫困、严峻的生活状况的现实评估。

5.持有**未来时间观**的人总是超前思考。他们会提前谋划未来，并且充分相信自己的决定。极端情况下，这些人可能会成为工作狂，几乎不给自己多少时间去享受辛苦工作所获得的成果。但他们是最可能成功的一批人，也很少陷入困境。

6.持有**超越未来时间观**的人认为后世子孙的长远未来，或地球的生命高于一切。

平衡的时间观带来更大的稳定性

　　本书有两个目标：帮助读者学会辨认生活中的毒性关系并摆脱它们；教会读者平衡过去、现在、未来的时间观，从而过上更幸福和更有意义的生活。此外，平衡的时间观还能带来更稳定的生活。你一定很好奇，这是怎么一回事。这是因为当一个人主要持有消极的时间观时，他的生活就会失衡，或者变得不稳定。消极的时间观有多种情况：过去消极时间观——不断想起过往的糟糕经历；现在宿命时间观——摆脱不了觉得生活很糟糕的想法，觉得自己完蛋了；现在享乐时间观——不断寻求眼前的欢乐和持续的肾上腺素激增，不惜以未来为代价；超越未来时间观——忽略当下的美好事物。这些消极的时间观带来的"失衡"或者"不稳定"，指的不是像电影《飞越疯人院》（ *One Flew Over the Cuckoo's Nest* ）中表现的那种精神失常或者疯癫的情况，那种情况过于极端。我们讨论的"不稳定"，指的是它们可能阻碍我们通往更美好的生活和建立更良好的人际关系。

　　你每天所见到的大多数人可能缺乏平衡的时间观而不自知，比如总是因匆忙赶路没法跟你打招呼的导师，排队结账时愤愤不平的顾客，坐在路边跟你要零钱的流浪汉，高速公路上紧跟你车后拼命按喇叭的司机，自以为无所不知的青少年。为什么会这样呢？这是因为我们不懂时间的重要性，不知道它的珍贵，总等到时间流逝之后才后知后觉。如果我们能反复练习本书中提到的简单技巧，花时间了解自己对过去、现在、未来的看法，并在需要的时候对时间观做出相应调整，我们就能在自身存在的核心中获得稳定性。我们将更好地处理各种情况，因为我们了解自己，了解他人。我们将变得更富有同情心。我们将学会在焦虑的时候放慢呼吸，安慰自己，坚信未来会更美好。我们将学会全身心地享受生活，心态更成熟稳定，看待生活的方式也更乐观，最后将学会以最佳方式度过每一天。

平衡时间观的例子具体如下所示。

- 过去消极——持有过去消极时间观的人很可能遭遇过一次或多次创伤性事件，如车祸、打斗、自然灾害、被抢劫、精神虐待、情感虐待、心理虐待、所爱之人意外离世等，这些创伤对他们的精神有根深蒂固的影响。因此，要平衡由此引发的过去消极时间观，既需要通过激发过去积极时间观以改变原有的消极观念，又需要创造更积极的未来时间观。

- 现在宿命——持有现在宿命时间观的人觉得掌控不了自己的命运，并为此感到沮丧。过去的一些遭遇让他们觉得当前的一切都是命中注定的，因此他们还可能持有严重的过去消极时间观。要平衡这种时间观，让这些人重新振作，需要允许他们进行有选择的当前享乐行为，让他们做自己想做的事。

- 超越未来——持有超越未来时间观的人忙于规划并努力达成未来目标，常常没有时间享受当下的一切。要平衡这些人的时间观，需要使他们学会腾出时间娱乐、陪家人、见朋友、培养爱好和经营恋情。

积极影响

当我们拥有平衡的时间观时，就能以各种美好的方式发挥想象力。

我们能和过去握手言和，我们能重新建立和家人朋友的联结，并享受与他们一起度过的时光。我们能设想将如何度过更光明、积极的未来，并且留下惠及后人的财富。我们的来访者中，有长期患有严重PTSD的退伍老兵，也有成百上千个拥有不同背景，但都因压力、抑郁、焦虑和各种生活动荡而备受煎熬的人。通过对他们的研究，我们发现时间观疗法不仅在当下就能发挥作用，而且能提供的帮助是长期持续的。

通过阅读本书，你将了解简单且有效的时间观疗法自助技巧将如何帮助詹妮弗消除毒性关系对她产生的负面影响，如何帮助其他有同样境遇的人告别不甚满意的生活，过上幸福且有意义的生活。此外，你也完全可以做到：平衡自己的时间观，改善人际关系和沟通效果，更深入地了解自己、周围的人和世界。最重要的是，只要你愿意学习并且每天投入时间练习养成全新的平衡的时间观，你将很快发现生活中的不同，并在往后的日子里持续受益。

第2章

时间观如何引发毒性关系，以及应对之道

毒性关系有时像高速列车一样朝你飞驰而来，有时又会悄无声息地缠上你，等你发觉时已无法挣脱。我们大多都经历过一段乃至多段毒性关系，有些人则正处于这样的关系中。我们想知道如何避免陷入这种关系，甚至怀疑自己才是毒性关系的始作俑者。我们不明白自己为什么总记不住过往的经验教训，一次又一次地卷入这种关系，不明白为什么总是轻易地被那个人所蛊惑。

毒性关系的多种表现

毒性关系存在于日常生活中，比如父母和子女之间、兄弟姐妹之间、朋友之间、熟人之间、房东房客之间。毒性关系也存在于工作中，比如领导和下属之间、同事之间。这些情况你应该不陌生：把钱借给某位家人，把车借给同事，或者在他们外出度假时帮忙照看小孩。你以为这些帮助会得到回馈，可事实却是，他们会借钱不还，把车弄坏也不修理就直接还你，不愿意帮你照看小孩却在下次度假时厚着脸皮继续麻烦你。这些行为绝不是偶然，它们只会以各种名目不断出现。因此，你觉得很受伤，感觉自己被占了便宜；对这些冒犯者很是愤怒，甚至生自己的气。总而言之，你不断感到失望，觉得他们只是在利用你，甚至是在"滥用"你。

过去消极时间观与毒性关系

第1章中詹妮弗的例子说明，不自觉寻求毒性关系的倾向通常源于儿时的一些负面经历，并且有可能会持续终生。这种倾向可能在我们的思想和情感中深深扎根，因此，当我们沉溺在毒性关系时，如果没有旁人指出，我们绝不会有所意识。有时即使有人指出，我们也不愿意相信。毒性关系的始作俑者（当然可能是我们自己）通常只为自己考虑，只关心自己的需求。这意味着他们可能很自恋，和这种人构建的关系是典型的相互依赖关系。最糟糕的毒性关系是对方恰好是父母或者配偶，这些人是我们永远摆脱不了的对象——虽然我们通常认为情况会慢慢改善，但其实只会越来越糟！

自恋人格

"自恋"（narcissistic）一词源于希腊神话中的那喀索斯（Narcissus）。那喀索斯面容俊美，所有见过这名青年的人都为之着迷，但他拒绝了所有人的追求。有一天（那时镜子还未被发明），他在一个池塘边看见了自己的倒影。和所有见过他俊美脸庞的人一样，他爱上了自己的倒影，不愿从池塘边离开。故事的结局有多个版本，有人说那喀索斯一直盯着水中的倒影，最后憔悴而死；有人说他想亲近自己美丽的倒影，结果跌入水中溺亡；还有人说他是自杀，因为他意识到无法和自己谈恋爱。20 世纪初，西格蒙德·弗洛伊德（Sigmund Freud）将"自恋"引入他的精神分析理论。在随后的几十年中，关于自恋的研究不断推进，说法也有所改变，有时被称为"自大狂"或者"严重自我中心主义"。到 1968 年，这种心理疾病发展成了可诊断的自恋型人格障碍。自恋的人在自我评价和评价他人方面有所失衡，他们对自己的评价很高，与此同时对认为不如自己的人评价很低。他们情绪不稳定，容易激动，并且可能缺乏同情心和同理心。

自恋的特征如下所示，尽管其中一些似乎只是较高程度的自信和高自尊的表现。但自恋的人和拥有恰到好处的自尊与自信的人还是有区别的，区别就在于后者不会贬低别人、抬高自己，而自恋的人觉得自己位于高处，总是看不起他人。有自恋特质的人经常在谈话中夸耀自己、自吹自擂，他们主导着谈话，表现出一种优越感。他们希望得到的东西永远是最好的，如果不能得偿所愿，他们就会恼火、发脾气，变得愤怒。

　　有趣的是，这种自恋行为背后的潜在"推动力"往往是自卑。自恋者无法接受任何批评，当他们感觉自己被批评时，就会贬低别人，勃然大怒，或者拿出居高临下的姿态来安抚自己。患有自恋型人格障碍的人通常对自己的自恋行为视而不见，因为这不符合他们完美、优越的自我看法。但是，自恋者对同类的存在极为敏感，如果他们发现周围有同样自恋的人，要么会奚落他们，要么会躲着他们。

　　自恋人格可能会导致人际关系破裂。自恋者会逐渐被身边的人疏远，他们所有的人际关系，包括个人关系、工作关系、学校关系，都会出现问题。有时为了维持自己的形象，他们的财务状况也可能亮红灯。如果你觉得自己可能患有自恋型人格障碍并且准备做出改变，建议你找一名自己信任的心理医生做咨询，这有助于你早日建立更充实的人际关系，过上更健康的生活。如果你觉得周围某人有自恋人格，或者你刚好需要和这样的人共事，要记住：这些人通常不能真实地看待他们的行为，缺乏同理心，无法共情，会把你善意的关心当成对他们生活的恶意入侵。

自恋型人格障碍的表现特征

　　下文是妙佑医疗国际的研究人员整理的自恋型人格障碍的表现特征，每条特征表述中的"你"指的是自恋型人格障碍患者：

- 认为你在所有方面都比别人优秀，对他人嗤之以鼻。
- 沉浸在对权力、成功、魅力的幻想中——你认为自己是超级英雄，是领域内的佼佼者，应该荣登《绅士季刊》或者《魅力》杂志的封面，而完全没有意识到这一切其实只是你的幻想。

- 夸大自己的表现和才能——你在高尔夫球赛中获得了第九名，却向不在现场看比赛的人吹嘘自己得了第一名；你在高中时弹吉他弹得很差，后来又半途而废，却告诉别人自己师从卡洛斯·桑塔纳（Carlos Santana）。

- 期望不断获得表扬和赞赏——你希望自己所做的一切都获得别人的认可，哪怕只是出去倒垃圾这种小事。

- 认为自己独一无二，并据此行动——你认为自己是上帝给女人、男人、你所在领域、世界的礼物，因此你理应被特殊对待。

- 不能体会别人的情感和感受——你不明白为什么别人会因为你直言不讳，或者因为你直接指出他们的错误而不满。

- 希望别人赞同你的想法和计划——正确的道路只有一条，那就是你选择的道路，所以你会在别人分享自己的想法或者计划时感到不满，因为他们提出的肯定不如你的好。想想萨米·戴维斯（Sammy Davis）演唱的《我就是我》（*I Gotta Be Me*）。

- 利用他人——你对父母的车子、工具、信用卡、衣服等不问自取，排队时挤到老人前面，或者帮了一点小忙就希望别人涌泉相报。你不觉得这有什么问题。

- 鄙视你觉得不如自己的人——天气这么冷，那个流浪汉居然不穿外套和鞋，真傻！

- 嫉妒别人——你觉得自己才应该获得那个奖项、奖杯、赞扬和认可，而不是某某某；如果你发现某人比你更有魅力、更智慧、更聪明，或者有更名贵的车、更好的另一半、更豪华的房子，你会诅咒他们、讨厌他们。

- 认为别人都嫉妒你——所有人都想成为你。

- 无法维持健康的关系——你觉得家人和朋友都不理解你，所以你和他们保持距离；一旦有更好的人出现，你就会对当前这段恋爱失去兴趣；你总是出轨，但每次都惨淡收场。

- 设定不现实的目标——有一天你会成为 CEO、总统、最伟大的音乐家或艺术家、最畅销的作家，或者你会和电影明星结婚，或者继承比尔·盖茨的遗产。

- 容易被伤害或者被拒绝——你不明白为什么大家故意伤害你的感情，你可能要花很长时间去恢复，或者永远恢复不过来。

- 自尊心非常脆弱——抛开外表的伪装，你也不过是一个脆弱的人，这正是你的特殊之处。你不明白大家为什么看不到这点。

- 看似顽强理智——和你比起来，希拉里·克林顿（Hillary Clinton）、史波克先生（Mr. Spock）、玛格丽特·撒切尔（Margaret Thatcher）、约翰·维恩（John Wayne）都要靠边站！

隐藏情绪

一般来说，在一段毒性关系中，你不会如实透露自己的感受。这可能是因为对方或多或少控制着你，你不想惹他们生气；又或者是你还抱有幻想，觉得他们有一天会醒悟，意识到自己的过错并做出补偿。总之，你会把所有想法和情绪都埋藏起来。即便你真的提到什么，也不过是迫于无奈才采取的被动攻击行为，对方可能根本没有注意到，因此无助于改善情况。本章将对各种沟通方式展开讨论，包括典型的被动型沟通、果敢型沟通、攻击型沟通。下面的几个例子展示了毒性关系中弱势一方的回应。

　　表面意思：要是我有钱填补这个缺口就好了，可惜我没有。（现在中心）

　　实际含义：还不是因为你借钱不还！（过去消极）

　　表面意思：有好的汽车保险公司介绍给我吗？我的车保刚刚涨价了。（现在中心）

　　实际含义：还不是因为你撞坏了我的车又不肯承认！（过去消极）

　　表面意思：我们没法去旅游享受二人世界，因为找不到保姆照顾孩子。（未来消极）

　　实际含义：我们帮你看孩子看了两周，现在让你看两天都不愿意！（过去消极和未来消极）

　　你以为他们能明白你的话中之意，意识到自己的错误，但他们表现得仿佛不知道你在说什么。

　　针对这些情况，下面提供了一些参考性的回应方式，有助于纠正这些问题：

　　"嘿，我们现在最好商量一下还钱计划，除非你现在就能还清。"

　　"你把我的车弄坏了，打算怎么赔呢？"

至于让这些"制毒者"照顾你的孩子。你真的想要他们帮忙吗？你的孩子误将他们当成榜样也无所谓吗？对于这些问题，你最好再听听其他人的想法。

总而言之，你只有和他们开诚布公地讨论才能找到解决问题的办法。即使找不到，你也能了解自己在这段关系中的位置，并且能够制定一个未来积极的方案来维持这段关系——当然，更理想的情况是从这段关系中逃离出去。

另外三种沟通方式

心理学导论课程一般会讲到三种主要的人际沟通方式：被动型、果敢型、攻击型。被动攻击型是被动型的一种。三种沟通方式的详细描述如下所示：

被动型——顺从；卑躬屈膝；很少说话；交流含糊不明确；贬低自己；赞扬别人；会说"我不介意……没问题……好的"。

- 信念——你没问题，是我有问题。总是觉得别人更重要，所以他们怎么想都可以。
- 眼神——避免眼神接触；眼睛往下瞟；眼神总有哀怨恳求的感觉。
- 体态——总是蜷缩着身体；弯腰；倾斜；驼背；双臂交叉。
- 双手——双手交握；局促不安；容易出汗。
- 结果——向他人屈服；得不到自己想要的或需要的；有自我批评的想法；感到痛苦。

果敢型——如实表达自己的意思；言出必行；传达信息时清晰

又不失礼貌；尊重自己和他人；会说"这是个好主意，不过如果我们把这个也加上怎么样"或者"我明白，但我实际上想"。

- 信念——你没问题，我也没问题。认为沟通中所有人都是平等的，每个人都应该获得尊重，谁都没有权力要求其他人按自己的想法办事。一直秉承这样的信念与人沟通。
- 眼神——温暖、热情、友好、舒适的眼神交流。
- 体态——放松、开放、热情。
- 双手——开放、友好、恰当的手势。
- 结果——与他人友好相处；能获得满意的沟通结果；愿意妥协。

攻击型——爱挖苦别人；对人苛刻；认为自己永远正确、高人一等、无所不知；爱打岔；对别人说三道四、指指点点；爱贬低别人；总是采取居高临下的姿态；不尊重他人；会说"这就是我们在做的事情。如果你不喜欢，随你的便"。

- 信念——我没问题，有问题的是你。因为自己才是对的，所以认为自己有权力让事情按照自己的意愿和自己想要的方式进行，而其他人（以及他们的需求）都没那么重要。
- 眼神——总是眯着眼睛；眼神冷漠、黯淡无光。
- 体态——姿态外放；抬头挺胸；肩膀打开；双手叉腰；双脚分开。
- 双手——塔尖状手势；紧紧握拳；双手叉腰。
- 结果——到处树敌；双方都不满意沟通结果；心生愤怒和怨恨。

陷入毒性关系的五个迹象

经过研究，我们发现毒性关系的众多迹象可以归结为以下五点：

- **你似乎什么都做不好**——对方总是贬低你，认为你不够好。他们嘲笑你的人格。你在大多数时候都为自己感到羞愧。只有当你和那些对你指指点点的人表现出一样的特质时，你才能原谅自己。

- **一切以对方为中心，你的想法不重要**——你也有自己的感受，但对方就是不理会。你们无法平等地对话，因此你的意见总是得不到关注、采纳、尊重。对方不会认可你的感受，为了得到最终的决定权，会和你斗争到最后。

- **和那个人在一起时，你无法享受愉快的时光**——每天都要面对新挑战。他们似乎总在抱怨你。他们试图通过控制你的行为来遏制你的快乐。

- **待在那个人身边让你感觉不自在**——你不能自由地表达自己的想法。在对方面前你必须摆出另一副面孔，有时甚至自己都认不出自己。更糟的是，你可能也不喜欢自己在这段关系中的样子。

- **不允许你成长和改变**——每当你想获得成长或者提升自己时，对方总会趁机嘲笑，表示怀疑。他们不会给予鼓励或者支持，相反，他们坚持认为你不可能有所改变，总是用过往的经验评判你，让你故步自封。

如果你目前所处的关系有以上这些迹象，哪怕只有一个，也应该好好想想这段关系是不是弊大于利了。如果是的话，再接着考虑一下补救计划。

詹妮弗经历了什么

回到第 1 章中詹妮弗的案例，在她和李的关系中，上面提到的这五个迹象都存在。詹妮弗后来才慢慢意识到，她的男朋友李虽然情感丰富，头脑灵活，却无法和他人建立健康、充满爱、相互扶持的长期关系，也不想为此付出努力。刚开始，他们没有果断分开，而是在这段毒性关系的旋涡中越陷越深。詹妮弗在努力让这段感情走到最后，但李却变得越来越愤怒，越来越暴力。目前，他们已经选择了分开，决定不再苦苦挣扎下去。

李没有为这件事承担起任何个人责任，相比之下，詹妮弗为了避免这段关系走向令人痛苦和失败的结局，不自觉地忍受着他的任何责罚。詹妮弗还交钱安排了情侣咨询。起初，李同意参加这个咨询，但他只参加了一次，还要求咨询师"治好"詹妮弗。之后，他没有再出现，詹妮弗一个人坚持了几个月。在这段时间，李的冷漠和责任感的缺乏暴露无遗，但他却坚持认为自己不需要参加这些咨询，因为詹妮弗才是所有问题的罪魁祸首。

詹妮弗趁机反思自己为什么会卷入这样一段毒性关系。她发现，在父母毒性关系笼罩下的家庭中成长给她留下了不愉快的回忆，而她很可能一直困在过去这样的负面经历中。她一边回忆，一边告诉咨询师，父母多年来都是各过各的生活，但"为了孩子"还是住在一起。他们闹得很不愉快，最后即使同住一屋也没有任何交流。詹妮弗意识到，仅仅待在一起，是无法造就一段成功的关系或者爱情的。而且，当她为了挽救这段爱情，竭尽全力变成男友期待的样子时，她像自己的母亲一样失去了真实的自我，最后也无济于事。

在一切努力都以失败告终后，詹妮弗最终明白了她和李不可能有美好的未来，所以心甘情愿地放手，选择向前走。同时，通过有益的自我反省、多次的咨询疗程，以及所爱之人的鼓励，詹妮弗重新找回了自我和自尊。在摆脱了毒性关系之后，她终于能够专注于个人成长。她学习在不幸的家庭成长的负面回忆袭来时，用儿时快乐、积极的回忆来疗愈自己，她会抽时间做喜欢的事情来有选择性地享受当前的快乐，学习憧憬更光明的未来。最后，詹妮弗内心收获了爱、幸福、满足和成就感，更收获了一段可以带给她这些东西的成功的婚姻。

被动攻击行为

我们在回顾过往的来访者咨询工作（再结合个人经验）时会明显发现，大多数人在某个时刻都曾有过被动攻击行为，而且有些行为相当离谱、令人愤慨，简直难以言说。不过，这些人不一定符合《精神障碍诊断与统计手册》（DSM）上所描述的被动攻击型人格障碍的标准：在社会和职业环境中，对"充分表现"这一要求采取消极态度和消极抵制的一般性模式。

被动攻击行为还可以描述为怨恨和敌意的隐蔽表达，可能表现为顽固、拖延、敌意嘲笑［年轻人可参考丹尼尔·托什（Daniel Tosh），年长者可参考唐·里尔克斯（Don Rickles）］，因被某人干扰暗中对其冷嘲热讽。总而言之，就是没有采取一种健康开放的方式表达自己的负面感受，而是选择了隐晦的方式。在极端情况下，口头说的意思和实际做法会完全脱节。

被动攻击行为的特征

- 厌恶并反对别人的需求
- 在应对别人的需求时故意拖延或犯错
- 愤世嫉俗、闷闷不乐或充满敌意
- 经常抱怨自己被低估或被欺骗
- 被动攻击行为未被归为某种精神疾病，但它是各种心理疾病中的一个显性特征

霸凌行为引发被动攻击行为

对于发觉自己身处毒性关系的人来说，采取被动攻击行为是应对方案之一，尤其在你是被霸凌对象的情况下（见第 5 章），明显直接的回应可能会使霸凌者更愤怒。上文曾经提过，被动攻击行为形成于个体成长早期，通常是由于个体受到过去负面经历的影响。这种反应

模式可能会演变成终身的心理疾病，在生活其他方面引起负面的连锁反应。比方说，当我们接触到的人或者面临的情况让我们想起过去的负面经历时，我们可能屈从于现在宿命的态度，认为没有什么能够改善这种情况。在临床工作中，我们发现所处的关系越"毒"，受害者采取被动攻击行为的可能性越"大"。

下文提供了被动攻击行为的一些实例，其中一些有演变成毒性关系的迹象，另外一些则已经是毒性关系。在某几个例子中，霸凌者和受害者并不容易区分（提示：取决于看问题的视角）。

亲子关系（儿童 - 父母）

霸凌行为——过去几周，父母一直唠叨着要你打扫房间，但你不太想，所以一直能避则避。今天，他们用你一直想看的电影威胁你（现在享乐），不打扫完就不带你去看。你勉强答应打扫房间。

被动攻击行为——你先做觉得更有趣的事情（现在享乐），拖到最后一刻才动手打扫房间。你把所有的垃圾和脏衣服都塞到了床底下，因为知道父母无非就会：①不检查，②把你骂一顿，然后帮你打扫房间，并且③总会屈服然后带你去看电影。

亲子关系（父母与青少年）

霸凌行为——你已经记不清孩子上次处理自己的日常琐事是什么时候了。你现在有点焦虑，因为客人马上要来家里了（未来消极和宿命），你需要有人帮忙准备。此刻，孩子刚好缠着你要用车，为此答应明天帮忙准备。

被动攻击行为——你屈服了，答应让孩子用车，但他没有遵守承诺帮你的忙。因此，你不厌其烦地向客人抱怨孩子的行为，客人只能忍受，一遍又一遍地听你讲。

姻亲关系

霸凌行为——你的岳母（婆婆）几年前就说你配不上她的孩子（过去负面经历）；她把这个想法告诉了她的那些"听众"，因此在她身边总会让你感到"现在宿命"带来的无力感。你和你深爱的配偶讨论过这个情况，但不管说什么做什么似乎都无法改变岳母（婆婆）对你的霸凌，更糟的是你配偶所谓的帮忙也只是敷衍了事，并没有什么成效。

被动攻击行为——家庭聚会你故意迟到，在背后小声嘀咕不敢当面表达的心里话。

恋爱关系

霸凌行为——你的配偶对你有诸多要求，而你总是屈服，比如：他们决定你去哪里，做什么事，做多长时间（现在宿命）。

被动攻击行为——当配偶要和你亲热时，你会突然头疼。

工作关系

霸凌行为——你那暴虐成性的老板强迫你大量复印一份报告（并不在你的职责范围之内），这耗费了你很多时间，让你白白浪费了大半天的时间（现在宿命）。

被动攻击行为——你答应帮忙复印，而且去做了，但在核对页数时，偶尔会漏页或者弄乱文件次序。

预防性措施：健康的回应方式

下文列举了一些可用于抑制被动攻击行为的预防性措施，并且针对上述例子提供了更健康的回应方式——其实就是建立开放、直接的沟通方式。

亲子关系（有点迷惑人的那两个例子）——我们可以在孩子年幼时和他们设定好彼此的界限，并强化这个界限，也可以多加练习谈话和积极倾听的技巧，这样孩子才能学到用健康的方式表达自己，而不是采取被动攻击行为。孩子将来在家庭之外的地方很可能面临被动攻击行为和霸凌行为，他们怎么应对这些负面的外部侵扰显示了在家庭生活中所受的教养。

尝试和孩子建立真正的沟通永远不会太晚。回想你自己和父母的关系或许对这有帮助。如果你和父母的沟通比较理想，那么可以尝试使用父母的技巧。如果那些沟通技巧早已过时，起不了什么作用，也可以向你欣赏的那些父母，或者你和孩子都尊重的学校辅导员讨教一下，看看还有什么方式能够奏效。此外，现在还有很多机构会提供免费课程来帮助父母和孩子建立健康、友爱的沟通方式。如果你和父母的沟通不甚理想，思考其中的原因，想想你希望改变童年的哪些方面，然后有意识地把你期望的改变融入你对孩子的教育中。

要应对上面两个例子中的情况，需要下定决心提高和孩子的沟通，并且做到言行一致。让孩子从你言行一致的行为中体会到诚信和安全感。努力保持冷静、坚定，做到信守承诺。努力给孩子树立一个好榜样，树立一个成熟的形象。

无论如何，给孩子高质量的陪伴，积极倾听他们对你说的话，并且不带评判地给出回应。做到这些，就迈出改善沟通的第一步了。但有时你的需求也同样重要，他们也必须反过来尊重你的需求。

另外，还应该考虑到，总的来说，男孩应该比现在获得父亲更多、更好的指导。现在的男孩生活在一个以科技为中心的世界，被各种消费活动所包围，而父亲则常常缺席。即使在儿子身边，父亲每周和儿子直接对话的时间也只有 30 分钟。相比之下，男孩每周花在玩游戏、看电视、发信息和发推特的时间是 44 个小时，而这些活动都是不用与人接触的。

积极倾听

大多时候，我们都没有集中注意力去倾听别人对我们所说的话，我们会漫不经心，可能还在想其他事情。总之，我们就是心不在焉。如果我们对他们所说的有不同意见，或者听了之后感觉被冒犯，就会忙着思考回应方式或辩解之词，更不会集中注意力去倾听。

在网上搜索"积极倾听"，你会找到许多相关信息和方案，包括各种课程、各种步骤（可能是三步到五步，甚至更多）。下面是我们整理之后的简化版：

专注所说的内容——真正去倾听别人说了什么。使用眼神交流，注意肢体语言和肢体情感。

复述听到的内容——把听到的内容用自己的话向说话人复述一遍。如果他们指出你理解有误，请他们换种表达方式重说一遍。反复进行此步骤，直到你理解了他们所说的内容。

加入情感和感受——如果说话人表达的感情很强烈，那么表达你的认可："对于（不管什么）你感到生气、困惑、受伤，我能理解。"这样，对方才能确认你了解他们对其所说内容的感受。表现出同理心，不要随意评判，不要居高临下。

表达你自己——通过积极倾听，你会更加了解对方的背景，而且很可能可以更好地看待情况和问题。这打开了良好沟通的大门，进而有利于创造更健康的关系。所以，轮到你说话时，保持思想开放，努力寻找可能的解决方案。

姻亲关系——我们无法控制别人的想法、言论或行为。我只能控制自己。在这种情况下，我们可以选择忽视霸凌者的行为，并尽量避免和他们接触。和你岳母（婆婆）相处过的人都知道你们的为人，知道她可能也会用同样的方式对待别人。那些人也很可能厌倦了她的喋喋不休，认为她就是爱欺负人。不过，如果她的行为持续困扰你，你必须和配偶一起抵抗、制止这些行为，或者在家里不和她互动。

恋爱关系——从某个阶段开始，这段关系突然变成了一段毒性关系。你想通过棘手的事情来惩罚对方，但你可能也在惩罚自己。尽管没有什么人喜欢正面冲突，但到了这种时候还是应该和对方坦诚沟通，表达自己的感受：我觉得自己不被理解、无关紧要。这点能改善吗？如果这段关系已无法弥补，那么是时候忍痛割舍并继续前进了。

工作关系——这个例子中的被动攻击行为很可能会有适得其反的效果，因为老板最终会发现你复印得乱七八糟。如果再遇到老板让你复印或者做职责范围之外的其他事情，要么直接说"不好意思，这不是我的分内事"，要么接受并把事情做好，但讲明你只会帮这一次。如果你的老板还是一直滥用权力，你可以考虑向人力资源部门举报。

不要把社交礼仪和被动攻击行为混为一谈

看到这里，你可能会思考自己是否采取过被动攻击行为，或者可能问自己，在做非"本职工作"时采取被动攻击行为是否只是一种表现"友好"的方式。对此，我们想澄清的是采取被动攻击行为和当一个称职、富有同情心的父母、雇员、领导、客户、食客不是一回事。我们真心希望你在别人需要时倾力相助，与此同时，我们希望这些帮助或者其他善举都是发自内心的，而不是心怀怨恨或者另有所图。

回顾个人过往经历，寻找被动攻击行为的相关蛛丝马迹需要你运用洞察力，只有你才了解自己在当时和此刻的意图。我们应当通过日行一善来改善这个世界，但这种行为不应该是出于义务或胁迫，而应该是源于我们内心原有的同理心。从本质上讲，"黄金法则"是所有社交礼仪的基础。

秘密和谎言

再来看看说谎和保密。我们大多数人会时不时地出于不同原因歪曲或者隐瞒事实。有时这些秘密和谎言是善意的；有时它们就是不诚信、自私自利的行为，会玷污品性，破坏人际关系。二者的界线并不好辨别。我们中有些人相对来说更倾向于分享秘密或者说谎，这又是为什么呢？原因之一是我们觉得某些事、某些人需要得到保护。这些人可能是我们自己，或者是我们深爱的人；这些事可能是我们的工作，或者是人际关系。

谎言始于成长早期

自儿时起，秘密和谎言就开始出现在我们的生活中了。我们会在操场上听到"秘密"，学到说谎的艺术。"萨利是抱养的，别告诉其他人""别告诉老师我从学校偷了这些蜡笔"。不过，所谓的秘密也可能是大家无意间口口相传的谣言，在这种情况下，如果我们不帮好兄弟说谎掩盖，可能就会失去这段友情。另外，告诉朋友一个大秘密并让他们发誓严守也有好有坏。首先，这通常表示被告知者获得了一个特殊地位，因为他是世界上唯一知道这个秘密的人。但这样一来，你自己也背负了一个社交负担，得守住这个秘密。即使告诉另一个朋友能让你在两段友情中都获得特殊地位，还能增进一段新友情，你也不能再说出去。否则，当守口如瓶的那个朋友知道这个秘密已经人尽皆知时，要做何感想呢？

家庭也是我们了解秘密和谎言的重要场所。我们观察到家人之间会说些"善意的谎言"，我们会被告知别向他人透露一些事情或者经历——可能是好事（妈妈的圣诞节礼物），也可能是坏事（在家里被虐打或遭受性虐待）。

这里所说的"善意的谎言"，指的是那些为了照顾他人感受而编织的谎言。比如，朋友的新发型、新衣服看起来很糟糕，但当他们咨询你的看法或者感受时，你会自然而然地说"还不错"。除了善意的谎言外，其他任何类型的谎言通常都是利己的偶然行为，说谎者因害怕被发现一些事情而选择说谎。用时间观的术语来说，许多利己的说谎行为都受未来宿命时间观的驱使：①如果我不掩盖这件事，也许今晚、明天，或者以后哪天会有大麻烦；②我知道自己是怎样的，但如果我不在约会网站上包装自己，没人会要我的。

再回到孩子——孩子讲起真话来可以相当坦率，但父母经常会让他们为自己的诚实道歉，或者告诉他们应该说一些善意的谎言。最近就发生了一件这样的事：当我们的一名来访者在给他 5 岁的儿子介绍罗丝时，这个小男孩看了一眼罗丝，便脱口而出"你真老"，这名父亲感到很尴尬，严厉地告诉儿子不能这么说话，并且让他向罗丝道歉。罗丝听后笑了，她觉得孩子说的是事实，并告诉孩子自己已经老到可以当他的祖母了。于是，紧张的氛围一下得到了缓解，这名父亲也松了一口气。

善意的谎言可能会演变成自私自利的谎言。随着时间的推移，父母可能会在不知不觉中将我们卷入他们编织的谎言中。我们试图挣脱，但善意的谎言很快就变成彻头彻尾的欺骗。

如何理解特工和秘密组建多个家庭的那些人

杂志的编辑卡娅·佩里纳（Kaja Perina）就这个话题写过一篇精

彩绝伦的文章。她在文章中写道"相比在稳定环境中成长起来的孩子，在逆境中成长起来的孩子更善于发现谎言"。文章随后围绕现实中三名特工的生活展开，详细介绍了他们充满挑战的童年。尽管这三名特工的生活没那么有戏剧性，但还是让人联想到 2006 年重拍的《007 大战皇家赌场》(*Casino Royale*)，这部电影的主人公詹姆斯·邦德便是自幼无父无母，成长过程充满坎坷。由此，我们推测那些善于"侦测谎言"的人（发现和编造谎言方面的专家）可能倾向于在需要这类技能的机构供职。尽管美国文化会美化特工的生活，但不可否认的是这些人通常缺乏正常、健康的人际关系。他们要么不相信别人，要么担心接近别人会危及他们的生命安全。不管是出于什么原因，充满谎言的生活只能在人际关系里滋生出"毒素"。

至于秘密组建了多个家庭的人，他们的说谎行为是病理性的，他们很可能患有人格障碍。和那些极致利己的骗子一样，病理性的说谎者也经常通过说谎来得到他们想要的或者自觉需要的一切。通过秘密组建多个家庭，他们可能想获得更多的关爱和成就感，又或者是他们觉得第一个家庭某方面有所缺陷，却又不想分开或离婚；他们把第二个（或者第三个）家庭当成重来一次的机会。他们还可能有自恋的特质，无法意识到自己的行为（几天、几周、几个月不在家，经济情况不稳定）对家庭会产生多大的影响。他们中有些人可能是马基雅维利式的，享受蒙骗别人的权力感，而且很可能觉得维持这种生活方式的潜在危险很是刺激。不管出于什么目的，这些试图在不诚信的基础上建立一段关系的人总是优先考虑自己的需求，而不是他们宣称的所爱的人的需求。当他们的秘密被曝光时，他们自己以及被谎言蒙蔽的那些人的生活都会天翻地覆。

你也许从不同的地方听过这句话："只要说真话，你就不必记得曾经说过什么。"确实，经常说谎或者隐瞒自己的生活是需要惊人的记忆力的。一旦开始制造一个谎言，说谎者就要记住其中的所有细节，以及随时准备应对这个谎言可能会引发的连锁反应。为此，他们需要承受极大的压力，这些压力会影响身体、情感和精神健康，更不用说人际关系方面的健康了。高血压、心脏问题、抑郁、焦虑、情绪波动、吸毒、酗酒也不过是要付出的一部分代价而已。不仅如此，他们还要不停地用谎言玩弄、欺骗无辜的受害者，让受害者再三失望，这种生活最终只会带来痛苦。

如果你承担不起身上背负的秘密，想要逃离现有的生活，或者发现自己总是不自觉地说谎，那么请下定决心寻找方法治愈自己、修复你的人际关系。这个过程可能很痛苦，但既然要开始，不如就趁现在吧。首先问问自己：

你是否发现自己在任何时刻，为了得到自己想要的东西会说任何话？

你脱口而出的谎言是否在以破坏性的方式回击你？

如果你对上述问题的回答是肯定的，那么你正在经历一种现在享乐主义的毒性关系。仔细想想你所有行为抉择的根本原因，你会发现当前的处境是过往的某段负面经历导致的。你在早期的生活环境或者成长环境中所遭遇的不诚信行为（回避真相的一种做法），不管它们是出于什么原因，都会对你产生持久的影响。不要害怕审视过往的负面经历，好好看看不诚信的行为是如何阻碍你实现个人潜能、获得完美的人际关系的，并从这些点滴经历中吸取教训。

接着，在可能的情况下，和心理健康专家讨论诚信的做法，这需要你主动参与。也许你所在的社区就有专门的支持小组，给同样为被这个问题所困的人提供帮助。你不是在孤军奋战。通过学习，你就可能知道如何分辨谎言和真相，并且能有意识地观察自己的交际方式。开诚布公地沟通能让生活方式朝积极的方向改变。相信保持真诚能让你更自在。坦率的沟通和同理心是构建健康、充满爱的关系的核心。

结束毒性关系的五个步骤

那么怎样才能摆脱毒性关系呢？我们以时间观疗法为核心总结出了以下五个步骤。

1. 走出否定（审视过去的负面行为）——在和他相处之后，你感觉精力充沛还是筋疲力尽？你渴望和他共度时光，还是你不得不这么做？你觉得对不起他吗？你期待他给你一种不一样的回应吗？你是否总是因为他的评论和行为感到失望？与他相比，你对这段关系让步更多吗？你是否还喜欢他？

2. 识别潜在好处（发现你当下的感受）——所有关系，即便是有毒的关系，也会有潜在的好处，否则我们为什么愿意身处其中？因此，要找出这些好处，了解你在这段关系中具体获得了什么。你觉得他的长相和身材很吸引你吗？你不辞辛苦地帮他照顾孩子，是因为你觉得自己过得比他好，想通过这种扭曲的方式减轻负罪感吗？尽管他对你不好，但他让你想起总是用言语施暴的父母，反而让你有种（不正常的）自在感？

3. 填补特殊"自我"的那个空缺（学会有选择的享乐行为）—— 通过其他途径寻找和平与完满，自己滋养自己。换句话说，做些无须依赖他人就能让自己开心的事。比如，重拾之前被搁置的项目，学习冥想或瑜伽，打电话给朋友，不断告诉自己这些情绪（悲伤、愤怒、沮丧）已经一去不复返了。

4. 选择与积极乐观的人为伴（有利于社会）—— 运用你的洞察力！最好这些人也像你一样能努力构建交友的边界。他们不在其他毒性关系中纠缠过久，那么和你相处时制造毒性关系的可能性就更小。这种东西是会传染的。因此你要精心地挑选你要与之为伴的人。

5. 治愈羞愧（用向上的未来积极观取代过去消极观）—— 努力消除你身上可能吸引毒性关系的那些部分。这可能意味着要探索过去的毒性关系，原谅自己在那些关系中的不当影响，并意识到你值得拥有真正的关爱和关注。只有这样，你才能为自己创造一个更光明的未来。

放下消极的过去，让爱进入你的生活

总而言之，过往的负面经历可能导致我们采取意想不到的行为方式，比如刻意寻求毒性关系，或者采取被动攻击行为。当我们用讽刺、被动攻击的语言回应，或者当我们故意搞砸事情、伤害他人时，我们的情绪可能会暂时得到缓解，但从最终结果来看，我们和那些承受我们怒气的人一样卑鄙堕落，甚至比他们有过之而无不及。所以，与其损害一段关系，不如坦诚表达你的感受。如果沟通起不到任何作用，又无法摆脱这段毒性关系，那么将你们的联系维持在最低水平，并且尽可能地理解他们，尽可能做到"真实"。但如果你已经准备好，有意愿也有能力全身而退时，那么请平静面对这些毒性关系和经历，把精力集中在美好的事情（过去积极经历）上，为通往更光明的未来做好规划，并且让当下的生活更充实、更有意义。

参考文献

Borchard, Therese J. "Ten Steps to End a Toxic Relationship."
Bowlin, Yvette. "Five Signs You Are in a Toxic Relationship."
Hall-Flavin, Daniel K., M.D. "Passive-Aggressive Behavior."
Mayo Clinic. "Narcissistic Personality."

第3章

霸凌者和受害者

霸凌者是怎样形成的？受害者从被霸凌的经历中能得到什么？霸凌者如何挑选目标？受害者为何甘愿忍受他人的欺凌？霸凌行为能否得到纠正？受害者能否摆脱被霸凌的命运？本章将就这些问题以及其他相关问题进行探讨。

先来看看我们在临床咨询中遇到的具体情况。在过去几年中，我们接诊了许多曾遭受过霸凌的来访者，他们有的受到的是职场霸凌，有的则在操场上受到真正的拳打脚踢。不管这些来访者处于什么年龄阶段，他们都一样感到恐惧、压抑和焦虑。最近，我们注意到职场霸凌的案例有所增加，尤其是对女性的霸凌，情况让人揪心。对于霸凌行为，有人认为这是社会演进中的"自然"现象，是"等级制度""适者生存"的必然结果，但对受害者来说，这些说辞根本无关痛痒。

霸凌者有什么问题

随着大规模枪击案（尤其是校园枪击案）的急剧增加，以及被霸凌学生实施谋杀或自杀的报复行为的增多，霸凌行为目前受到了密切关注，相关研究也在仔细开展中。被霸凌者采取反击是霸凌现象的极端反面，意味着受害者成为终极霸凌者。当前研究表明，一些霸凌者可能患有自恋型人格障碍（见第 2 章的"自恋人格"），而另一些可能在理解或判断社会场景或者他人行为上存在障碍，他们会误解别人的意图，认为他人对自己存在恶意。比如说，霸凌者被某个学生无意撞了一下，就认为这是有意的挑衅行为，因此做出激烈的反应，采取霸凌行为报复对方。

霸凌行为的形成与家庭环境有莫大的关系，霸凌者的家庭成员，比如父母、哥哥或者姐姐，通常表现过这种攻击行为。而且，这种攻击行为还可能因为成年人有意或无意的行为被不断强化。比如，孩子发现只要吓吓父母就可以逃避做家务（消极强化），或者只要哭闹就能吃大餐（滥用父母的积极强化策略）。不管是小时候面对父母，还是现在当了别人的父母，你都很可能使用过这种伎俩，或者至少见识过它的作用。具体来说是这样的：在前者中，父母因为忍受不了孩子的哭闹帮他们捡起了玩具；后者就是你在杂货店门口排队时再熟悉不过的场景了，前排的孩子为了迫使父母买糖果跟他们要小脾气。这种消极（积极）的强化策略会在反复使用中被不断强化，最终形成难以打破的行为模式。

一般来说，霸凌者采取霸凌行为是因为在生活中遭遇了压力。他们通常遭受过虐待，在不安全感的驱使下采取霸凌行为。他们往往想要通过控制和操控他人获得优越感，把被伤害的怒气转移到他人身上。他们的目标是那些比自己弱小，或者和自己不同的人。霸凌行为都是有意为之：霸凌者故意在情感或者身体上伤害某人或某些人，并且通常是反复多次。霸凌行为对受害者和霸凌者都有影响，这些影响可能长达数年，甚至持续终生。这就不难解释为什么爱欺负人的孩子容易早早进监狱。此外，这种人还非常可能染上毒品，或者做出其他的反社会行为。

霸凌的类型

⧗ **肢体霸凌**——肢体霸凌是最明显的霸凌形式，指的是儿童或成人使用肢体动作以凌驾或控制霸凌对象。肢体霸凌者一般比同龄人高大、健壮，更具攻击性。这种类型的霸凌行为的具体表现有：踢、打、揍、拍打、猛推，等等。

在所有霸凌行为中，肢体霸凌最容易被发现。因此，谈到霸凌，人们最容易想到的就是肢体霸凌。此外，相比其他不易察觉的霸凌方式，肢体霸凌长久以来都备受学校和法律机构的关注。

⧗ **言语霸凌**——言语霸凌者通过言辞话语及口头辱骂来凌驾或控制其目标。他们通常会通过歇斯底里的辱骂来表达对某人的轻视、鄙视，以此伤害对方。他们基于外表、行为举止等挑选目标。在某些特殊情况下，孩子也可能成为言语霸凌的目标。

儿童之间的言语霸凌通常很难辨别，因为这种行为几乎总在成人不在场时发生，结果便是双方各执一词。而且，许多成年人觉得童言无忌，他们通常让被霸凌的儿童"别理会那些话"。每一代父母都努力地降低言语对孩子的伤害，他们的想法正如这么一句古话：棍棒和石头可能会打断我的骨头，但言语伤害不了我。对被霸凌者来说，这种安慰几乎没有任何作用，而且事实也绝非那样。研究表明，口头凌辱和言语辱骂会产生极为严重的后果，极有可能留下难以磨灭的情感伤疤。

> **关系霸凌**——关系霸凌是一种不易被察觉的霸凌形式，经常被父母和老师忽略。关系霸凌又称情感霸凌，它是一种社会操纵行为，不同年龄阶段的青少年借此伤害同龄人，或者破坏他们的社会地位。关系霸凌者常用的手段包括在团体中排挤他人、散播谣言、操控局势以及打击他人自信，他们这么做是想通过控制或者欺凌他人来提高自己的社会地位。同伴的认可对于青少年情感发展及稳定感的培养至关重要，这个时期遭遇此类霸凌行为会对青少年产生巨大的不良影响，阻碍各方面的发展。

一般来说，女生更倾向于使用关系霸凌，尤其是五年级到八年级的女生。发起关系霸凌的女生常常被称为"坏女生"或者"假闺密"。被攻击的一方可能要遭受她们的嘲笑、侮辱、无视、排斥和威胁。尽管关系霸凌常见于中学校园之内，但青少年之外的其他人群也可能使用此类方式，实际上一些欺压员工的老板和其他职场霸凌者也会使用关系霸凌。

> **网络霸凌**——网络霸凌指的是青少年通过网络、电话等途径骚扰、威胁、羞辱、攻击他人，或让他人感到难堪的行为。如果实施者是成年人，这种行为则称为网络骚扰或者网络跟踪。网络霸凌的方式包括发送恐怖图片、发送恐吓邮件，或者发送恐

吓信息。网络霸凌行为如今在青少年中愈演愈烈，一方面是因
为他们经常"在线"，另一方面是因为网络霸凌他人违法入狱
的风险较低。

网络霸凌者借助科技带来的匿名化、无接触沟通，经常有恃无恐
地在网上说一些当面不敢说的话，因此网络霸凌中的话语通常相当恶
毒与残忍。一些原本不太可能卷入霸凌行为中的人在网络的屏障下也
可能成为"网络暴民"的一员。对被霸凌者来说，网络霸凌的入侵性
很强，而且似乎无休无止。霸凌者可以随时随地对他们发动攻击，即
使是在家里的安全地带。这些都让霸凌者感觉自己无处躲藏，时刻暴
露在危险之中。技术设备的发展会使得网络霸凌的形式越来越多，其
带来的不良影响也将会更加显著。

⏳ **性霸凌**——性霸凌包括在性方面针对某人进行重复性、伤害
　　性、侮辱性的动作，具体来说包括含有性意味的辱骂、不雅评
　　论、采取粗俗姿势、未经同意抚摸对方、寻求性关系、发送色
　　情内容，等等。比如，性霸凌者可能用不雅的言辞评论某个女
　　生的样貌、吸引力、性发育或性行为。极端情况下，性霸凌可
　　能会演变成性暴力。

女生通常是性霸凌的目标，霸凌者既可能是男生，也可能是其他
女生。男生可能会以不恰当的方式触碰她们，用不雅的言辞评论她们
的外表，或者直接向她们寻求性关系。而其他女生则可能给她们安上
"荡妇""淫妇"的罪名，侮辱她们的外表或者身体，并不断地对她们
进行"荡妇羞辱"。同样地，把某个或某些男生定义为"同性恋"（不
管他们是不是），通过这种手段排挤他们或者对他们进行关系霸凌，也

非常伤人，而且往往具有恐吓意味。

"性短信"也可能导致性霸凌。一些视频和纸媒都曾披露过名人和政客的相关事件。"性短信"一般是这样的：一个女生拍了一张自己的照片，用短信传给男朋友。这个男生在分手后就把照片传遍整个学校。结果，女生一下子成了性霸凌的对象，大家都用她的身体开玩笑，辱骂她，用不雅的言辞评论她。一些男生甚至认为这是在暗示他们可以向她寻求性关系，或者攻击她。在这种情况下，女生不仅仅是被霸凌，她稚嫩的爱情遭到了背叛，表达亲密关系的行为也受到了侵犯，因此这种形式的霸凌会给受害者带来极大的痛苦。如果没人帮助她克服这种创伤，她很可能再难以付诸信任，将来在处理各种关系，尤其两性关系时容易出现问题。

> ⧖ **偏见霸凌**——偏见霸凌是青少年或成年人因种族、宗教和性取向差异对特定人群所持有的偏见。这种霸凌行为可涵盖所有其他类型的霸凌，包括网络霸凌、言语霸凌、关系霸凌、肢体霸凌，有时甚至还会涉及性霸凌。偏见霸凌的目标是那些显得"格格不入"的人群，这部分人通常会被孤立出来。偏见霸凌一般都非常严重，因此可能会导致仇恨犯罪。无论任何时候，一个孩子如果因为种族、宗教或者性取向而遭遇偏见霸凌，都应该及时向当局反应。

关于受害者

霸凌行为的受害者可能会选择埋藏内心的痛苦。他们可能性格突变，表现出现明显的抑郁症状，比如与人隔绝、社交恐惧、学业（工作）表现急转直下、悲伤、对所有事情缺乏兴趣，包括他们曾经感兴趣的事情。在某些情况下，受害者还可能常常暗中伤害、折磨自己，极端情况下，他们可能会割伤、烧伤自己，甚至试图或者成功自杀。

霸凌行为的受害者，不管是学生还是成年人，在以下三个方面颇为相似，这三个方面使得他们容易成为被霸凌的目标。受害者可能有以下某种或多种特质：

- **社交能力差**——被霸凌者通常存在一些学习障碍，如注意缺陷障碍、注意缺陷多动障碍、阅读障碍，使得他们的社交能力低下。与此同时，他们可能还有诸如焦虑、破坏性行为等心理障碍，或者过于害羞。还有一些人群容易成为被霸凌的对象，他们可能刚刚转到新的校园环境或工作环境，或者行为处事与当前环境格格不入；他们也可能和周围的人有不同的文化背景，因此说的语言不一样或者说话带口音，衣着、饮食习惯、宗教信仰也有别于他人；他们还有可能过于肥胖、戴眼镜或者正畸牙套。不管原因是什么，总之他们显得"异于常人"。

- **缺乏朋友**——由于社交能力差，被霸凌者几乎没有朋友，因此在遭遇霸凌时总是孤立无援，这使得霸凌者可以随心所欲地骚扰他们。

- **缺乏对抗性**——受害者通常不能或者不愿意通过言语行为、肢体行为表达自己的态度，这助长了霸凌者的气势，使得他们更加为所欲为，肆无忌惮。

受害者的类型

被霸凌者通常分为两种类型：

⧗ **被动型**——被动型受害者只要出现就会引发霸凌行为。他们无法自如地表达自己的想法、感受和诉求，而且通常是以间接或自我贬低的方式去表达。他们不善口头争辩，也不善近身搏斗，所以允许别人肆意践踏自己，这些特质对霸凌者来说很有吸引力。

⧗ **主动型**——主动型受害者可能缺乏社交技巧，所以容易激怒他人，导致自己成为被霸凌的目标。和被动型受害者一样，主动型受害者通常也不善近身搏斗，有些人也许能对付几下，但技术不怎么过关。由于主动型受害者总是无意中挑起事情，所以被别人攻击的行为通常被认为是别人的合理回应。主动型受害者可能患有注意力缺陷或者多动症等学习障碍，容易惹恼他人。

识别潜在的被霸凌者

成年后的被霸凌者往往在童年时也遭受过此类行为。如果你的孩子或某个认识的孩子正遭受霸凌，或者你怀疑他们被霸凌时，可以看看他们是否有以下迹象。

个人特点：

⧗ 社交能力差

⧗ 害羞或者不果敢

⧖ 几乎或者根本没有朋友

⧖ 从未或者不经常受邀参加其他孩子的派对、聚会

⧖ 身材矮小

被霸凌的外在表现：

⧖ 丢失个人物品

⧖ 丢钱，或者丢了花钱买的东西

⧖ 不明原因的瘀伤、割伤、擦伤

⧖ 衣服被撕破、有血迹或者被弄脏

行为：

⧖ 假装生病，避免出现在霸凌者所在的地点

害怕上学：

⧖ 逃学，或者拒绝参加某些课程（活动）

⧖ 避免秩序混乱的场合（吃午餐、休息、上学和放学的校园巴士）

⧖ 悲伤（抑郁）

⧖ 做噩梦

⧖ 成绩下降

⧖ 携带武器

不管被霸凌者处于什么年龄段，都必须鼓励他们寻求帮助以便改善当下情况，并学习相应的应对技巧，比如更好地沟通。尽早进行咨询有助于被霸凌者的心理创伤尽快痊愈，防止未来的永久性后遗症，包括陷入一种被虐模式。

校园霸凌案例

受害者

阿拉娜坐在医务室的长凳上，用手抹着哗哗流下的泪水。她忘了手脚上的擦伤和逐渐浮现的瘀痕，也感受不到大腿上、肚子上逐渐红肿的瘀斑，此刻她担心的是那个被推下轮椅的朋友。

两年前，阿拉娜的母亲抛下女儿和丈夫约翰，一声不吭地离家出走。那时，阿拉娜正读一年级，学习一直游刃有余。在母亲离家后，她的成绩开始下滑。生活的突变使得她和父亲陷入了情境性抑郁。当约翰意识到自己的女儿深陷泥沼时，他决定带她暂离这个伤心之地，一方面想借机加深他们的感情，另一方面挥别过去，迎接新生活也正好是他们当下非常需要的。在经过和老师及校方的交涉并获得许可之后，约翰第二年就帮阿拉娜办理了休学手续，之后两人便出发游览全国各地。为了避免阿拉娜落下太多课程，学校每天都会将课程内容和作业表发过来，但约翰自己也是情绪不振，便没有花费太多心思应付这些。他没有精力和阿拉娜一起学习，也没有督促她完成作业。旅程结束后，阿拉娜花了整个暑假补习各科的功课。即便这样，阿拉娜还是落下了很多，因此开学后被分到了二年级，没有正常升入三年级。

阿拉娜的智力绝对没问题。跟约翰设想的一样，他和阿拉娜的父女感情在长达数月的旅行中逐渐加深。他们游览了许多国家公园、文化博物馆，结交了拥有不同文化背景的朋友。尽管约翰没有盯着学校的功课，但他给阿拉娜传递了很多美好的道德品质，比如理解他人的苦难，诚实的价值，等等。情感上，阿拉娜其实远比同学成熟，二年级的同学都认可她，敬佩她，但三年级、四年级，乃至五年级的同学却都把她当成异类。

霸凌者

　　某一天课间休息时，阿拉娜发现三个四年级学生正在骚扰她的一个朋友。这个朋友和阿拉娜在一年级的时候相识，现在已经升上了三年级。由于几年前遭逢意外，这个朋友现在半身瘫痪，只能依靠轮椅代步。阿拉娜一边向这些男生的方向移动，一边不停地扫视着操场，但操场上一个大人都没有。她听到那些学生对她的朋友说了很刻薄的话，于是大声呵斥，想制止他们的行为。听到阿拉娜的叫嚷，几个男生被激怒了，用力推了一下那个朋友的轮椅，使他摔到了地上。阿拉娜急忙跑到朋友身边，把他扶上轮椅，然后质问那些男生为什么要这么做。当她推着朋友往教室的方向走时，那几个男生开始对阿拉娜冷嘲热讽。接着，他们又拉扯她的头发，撕扯她的衣服。阿拉娜让朋友尽快先回到教室。当她奋力想挣脱这些霸凌者时，其中一人伸脚把阿拉娜绊倒在地。她大叫救命，但没人过来帮忙。

　　正当阿拉娜试图站起来时，那些男生从背后一把把她推到了地上，用脚使劲地踩她的大腿。阿拉娜翻了个身，又被踢了几脚。那些男生一边踩，一边辱骂阿拉娜，而且还不停恐吓她和她朋友（此时已经安全到达教室）。当阿拉娜再次挣扎着起身时，一个霸凌者抬起脚后跟，狠狠砸在她的肚子上。阿拉娜感到一阵窒息。在意识到操场上不会有孩子替她解围，也不会有大人赶来时，阿拉娜拼尽全力翻了个身，跳起来，奋力跑向比教室离得近的攀爬架。她唯一的想法就是赶紧逃离这里。

霸凌者紧追不放。当她爬到攀爬架的顶端时，一名老师发现了他们，一边朝他们的方向走去，一边让阿拉娜赶紧下来。那名老师让霸凌者离开现场，不要再"捉弄"阿拉娜。他们便散开了。阿拉娜爬下攀爬架，努力解释朋友被霸凌的经过。那名老师让阿拉娜赶紧去医务室清洗伤口。

后果

没有人打电话通知阿拉娜的父亲。护士帮她清洗完伤口，便让她自己去趟校长办公室。阿拉娜告诉校长那些霸凌者的名字，并解释了事情的前因后果。她在校长接待室一直待到了放学。当校长陪着阿拉娜走回教室拿书包时，约翰正好来接她。看到女儿和校长走在一起，约翰感到有点意外，再看到她身上的抓伤、擦伤，以及她那脏兮兮的样子，约翰大吃一惊。看到父亲，阿拉娜的眼泪再也忍不住，哭着告诉约翰事情的经过。校长认为只是发生了一点小意外，他向约翰保证会好好斥责涉事的霸凌者。约翰则对学校没有及时通知他感到很生气。

出了学校，约翰立即带阿拉娜去看儿科医生。医生坚持要给受伤的部位拍照，并鼓励约翰向警方报案，约翰听从了这个建议。医生还嘱咐约翰多关注阿拉娜的行为，担心这件事情会给她留下心理阴影。由于心情压抑，身体疼痛，阿拉娜在接下来的几天都没去上学，晚上睡觉总是梦到被追赶被殴打。校长打电话告诉约翰他已经见过霸凌者和他们的家长，家长对于自己孩子的行为也很是震惊。校长向约翰保证，这些霸凌者都来自正当家庭，本质不坏，应该给他们改过自新的机会。他还告诉约翰学校已让霸凌者停学两周。

新的一周开始时，阿拉娜重新回到学校上课。同学都拥抱了她，那个坐轮椅的朋友还带了一盒糖，感谢她出手相助。阿拉娜度过了开心的一周。不过好景不长，一周刚过，那些霸凌者就回来了。

课间休息时，他们走到阿拉娜跟前，反复把篮球扔到她周边的区域。他们威胁阿拉娜，如果再给他们找麻烦，他们的爸爸就会杀了阿拉娜的爸爸。阿拉娜吓得一动不动。约翰去接她放学时，一眼就觉察到她手上腿上那些发红的圆形伤痕。在约翰的追问下，阿拉娜不得不说出自己又被欺负了。约翰带她去看上次那名医生，医生还是记录了她的伤势，并建议阿拉娜寻求心理治疗。

阿拉娜陷入了深深的抑郁。她不想回学校上课，约翰也不愿让她回去，所以给她请了几个不错的家庭教师。由于担心霸凌者的爸爸会闯进家里杀死她爸爸，阿拉娜晚上不敢入睡。即使睡着，她也会做噩梦或者半夜惊醒，睡得很不安稳。她还尿床了，这是她学会走路之后从未有过的。因为害怕遇见霸凌者，她闭门不出。约翰听从了儿科医生的建议，带她去做了心理治疗。

阿拉娜的治疗

约翰最期盼的就是女儿能够学会克服内心恐惧的方法。他积极参与到阿拉娜的心理治疗中，而这个过程也让他学会了克制自己的抑郁和恐惧情绪。在四个月疗程的前两周，阿拉娜每周要接受两次时间观治疗，后来就改为一周一次。

第一个星期，阿拉娜接受了艺术治疗。对于害羞、口头表达能力较弱或者对于某种原因（比如害怕被报复）导致不愿讨论问题的青少年来说，艺术治疗的效果相当不错。通过艺术治疗，我们得以更好地了解阿拉娜的情感状态。治疗中，我们先让阿拉娜用彩色铅笔和钢笔在纸上随意画三幅画，阿拉娜简单地画了一些花朵、动物和风景。当治疗师和她谈论这几幅画时，阿拉娜明显很愿意交流。接着，治疗师又让她把最让其烦恼的事情画出来。阿拉娜画的是一个人躺在地上，旁边站着三个虎视眈眈的人。当治疗师询问阿拉娜是否愿意聊聊这幅画时，阿拉娜拒绝了这个要求，因为这幅画的内容让她感到难过。最后，治疗师又让阿拉娜把让她开心的事情画成三幅画，画上是她和约翰一起坐飞机、坐火车、坐汽车，还有他们在水边沙滩玩耍的经历，也有她和小猫玩耍的经历。阿拉娜详尽地解释了这些画。很显然，她不愿意讨论之前的霸凌事件，但她却很愿意回忆这些快乐的经历。阿拉娜非常适合接受时间观治疗——用积极的经历取代消极的经历。

过去——阿拉娜重点需要做的是用积极的时间观取代对过去、现在、未来的消极时间观，摒弃诸如"霸凌者会继续欺负我，爸爸会有危险"等想法。比如说，当她想起被欺负的经历时，治疗师会马上让她回忆一些积极的经历，比如画上的那些。这种转换需要反复练习，因此治疗师嘱咐约翰多关注阿拉娜，如果发现她表现出害怕或恐惧，就引导她去回忆过往的愉快经历。

现在——因为恐惧，阿拉娜目前待在家里不愿出门。治疗师鼓励约翰通过一些小奖励吸引阿拉娜的注意力，可以是答应睡前讲她最爱的故事书，给她准备特殊的晚餐，或者是晚上陪她看电影。提供奖励的时间点一般是在一天快要结束的时候，这有助于阿拉娜学习延迟满足。采取这些措施的目的在于不断提醒阿拉娜，眼前的不愉快总会过去，幸福就在不远的拐角处。

未来——至于未来，阿拉娜和大多数孩子一样，看不到比明天更长远的未来。每当焦虑的情绪和未来宿命的想法涌上心头时，她便会被这种无力感和失控感击溃。在这种情况下，帮助阿拉娜在细枝末节上找到控制感是一个可行的治疗方案。她开始和父亲一起讨论未来的安排和决定，他们一起做规划，商量去商场购物，一起做饭，一起探讨周末或未来几周去哪里出游探险。这样一来，阿拉娜就能至少提前几天了解日常生活之外的行程安排，比如看医生或看牙医。对生活有所期待，自己有所贡献让阿拉娜找回了对生活的控制感，也体会到自己存在的价值。

社交——在被霸凌之前，阿拉娜的课外活动和社交活动都很丰富。她踢足球，上柔道课，同时还是游泳队的一员。她和朋友每周都会相聚，一起去逛商场或者看电影。但在第二次被霸凌之后，她害怕出门，也不愿社交。治疗师建议约翰帮助阿拉娜组织每周聚会。起初，聚会地点要么在家里，要么在公园或者商场，而且必须有约翰的陪同。后来，当这些积极的社交经验慢慢取代了那些不好的预感时，她开始到朋友家里参加聚会。最后，她已经可以单独和朋友去远足，不需要父亲的陪同。

结果：从受害者到校园英雄

在阿拉娜接受治疗的同时，那位朋友的父母挺身而出，把她帮助他们儿子对抗霸凌者的事迹告知了市长和警察局局长。他们同时报告了阿拉娜两度被霸凌者攻击的情况。警察局局长约见了霸凌者和他们的父母，严厉警告他们停止这种行为，否则会追究其父母的责任。

在接受治疗后的第四个月，阿拉娜重新回到学校，同学们都非常欣喜。市长组织了一个欢迎会，并发表了一次演讲，谈到英雄主义和救人于危难的重要性。他还宣布把三月的某一天定为"阿拉娜日"，并给阿拉娜颁发了一块奖牌，以纪念这一特殊日子的确立。米歇尔·奥巴马也寄来了一封信，表扬阿拉娜的仗义以及直面霸凌者的勇敢。

这件事情的转折充分说明，只要时机恰当，过去的消极经历就能转变成积极经历。重新找回自尊对阿拉娜的生活产生了极大的积极影响。她额外接受了两个月的治疗，以确保她能坚定不移地向更光明的未来前进。如今，阿拉娜在学校表现很好，而且重新恢复了社交生活。约翰也终于可以重新经营他的友谊了。在过去几年为了照顾阿拉娜，约翰不得不将友谊暂时搁置。

职场霸凌

我们曾在上文提到，职场霸凌事件的频率有上升的趋势，明显的证据就是一些网站上的文章有许多相关的回复，同时我们收到了许多与这个话题相关的邮件。实际上，这些受害员工所在的公司也提供了"合适的渠道"，但似乎结果让他们失望透顶。下文中有两个真实的职场霸凌案例，以及我们对当事人的一些回复。我们希望这些内容对正在面临类似处境的人有所帮助。

芭芭拉

芭芭拉在公司面临各种骚扰和威胁。起初是一个人，后来变成了一群人"组团"欺负她。她的领导对此视若无睹，完全纵容他们的所作所为。刚开始，那群人只是口头辱骂，或者采取其他"校园式"的霸凌行为，但他们很快便将行动上升至攻击性更强的威胁。接二连三的"卑劣侵扰"让芭芭拉倍感压力，后来导致她的健康也出现了问题。她自己去医院求医，被诊断出患有 PTSD。与此同时，公司也聘请了一名心理医生对她进行诊断。芭芭拉觉得公司聘请的这名医生相当无礼，因为他一直主导着谈话，不给芭芭拉发言的机会，也不听她陈述那些霸凌事件的前因后果。当芭芭拉询问应该怎么看待这些事情时，他直接跳过提问，接着进行后面的流程。公司聘请的这名医生一直试图改变芭芭拉对这些事情的看法，而且拒不承认她先前的 PTSD 诊断结果，理由是她并没有遭受人身伤害，或者没有被置于"生死攸关"的境地。

芭芭拉对这次会面非常失望。这名心理医生不仅没有提供任何帮助，而且言谈中处处维护公司。第二次见面的结果也是大同小异，芭芭拉觉得这名医生只想说服她一切都是误会，让她否认工作场合中存在任何不恰当的行为，或者否认公司未能维护一个安全、相互尊重的工作环境这样一个过错。不过，和第一次会面不同，这一次，芭芭拉偷偷录下了他们的对话。

芭芭拉把这段录音放给了一些人听。这些人对芭芭拉有充分的尊重，也关心她的健康。在听完录音后，他们确认芭芭拉遭受了不公平的待遇。在意识到公司派来的心理医生实际也是在霸凌自己的时候，芭芭拉对职场霸凌的感觉更加强烈。尽管对这名医生感到失望，也很想揭发他，但截至回复我们专栏的时候，她还没将那段录音"公之于众"。

我们对芭芭拉的回复

我们对芭芭拉在公司和心理咨询中的遭遇表示遗憾。我们也认同她的说法，那名医生始终记得自己"是被公司雇用的"。（不过，我们也认识几个受雇于公司的心理医生，他们在和公司的员工熟识之后，了解到了实际情况，选择了站在员工这边。这种情况确实少见，但也是可能的，并且确实有过案例。）

接着，我们提醒芭芭拉：如果走法律途径，过程会非常漫长和艰苦。这么说并不是想劝她放弃，而是让她在选择走这条路时有充分的心理准备。打官司意味着要一遍又一遍地去回忆那些痛苦的往事。有些人可能会因此陷在过去，再也走不出来。

芭芭拉想要把自己的经历分享出来，同时希望能有方法帮她快速排解压力。我们建议她浏览网站，了解时间观疗法相关的信息。我们也建议学习一些自我放松的技巧，如呼吸练习或者冥想。这些简单的技巧能够帮助她应对工作当中，以及决策前后面临的压力。

艾伦

艾伦来自印度，他觉得能够供职于一家荷兰公司是一件幸运的事。他期待这家欧洲公司能够提供不同于印度国内的工作体验——员工能够更多地被"看见"，获得认可和尊重。然而，这家公司一开始就让他大失所望，因为在一次公司大会上，他问了一个技术问题却被大家嘲笑。后来，这些同事非但没有道歉，还辩解称当时不是在嘲笑艾伦，而是有其他原因。这就是艾伦被霸凌经历的开始。艾伦发现，他在几个场合中对项目提出的建议都被当成吹毛求疵地挑剔同事的工作。他对这样的负面回应感到非常惊讶。艾伦曾经以为欧洲的工作氛围会好于印度，却失望地发现其实并无差别。

艾伦之前对欧洲人的印象是眼界更广阔、思想更开放、行为更直接。在来荷兰之前，他对在这里工作，以及这里的人都有一种莫名的

"好感"，但他的经历证实了无论哪里的人都有小气和虚伪的一面。更让艾伦惊讶的是，他并没有被当作平等的个体对待，强加在他身上的偏见和种族刻板印象深深刺痛了他。接着，他还发现同事之间其实都互相抱怨，荷兰同事抱怨德国同事，法国同事抱怨荷兰同事，等等。艾伦非常难过，渴望能逃离充满偏见和狭隘思想的新环境，他希望能找到一样开放、积极的同伴。

从艾伦的写作中可以明显看出，他是一个思想缜密、头脑灵活的人。尽管他对英语（也可能包括荷兰语）已经掌握得相当不错，但和其他以英语为第二语言或者第三语言的人一样，艾伦的遣词造句和母语者还是有所不同的。这不是说他们写得不对，或者写得让人看不懂，而仅仅是"不同"而已。但是，这也足够让他们被归为"异类"，从而遭受关系霸凌了。公司的霸凌者无视艾伦的聪明、友好和高瞻远瞩，他们只觉得他有异域文化，只关注语言和相貌这些表面上的差异。这种做法不但对艾伦来说不公平，对他的同事，以及他供职的公司来说，漠视艾伦的才华和贡献也是他们的一大损失。

新环境中遭遇的这些无礼对待让艾伦深感震惊，目前他正在努力让自己的心情平复下来。

我们对艾伦的回复

艾伦经历了两种霸凌行为：偏见霸凌和关系霸凌。一个人要对自身不熟悉的文化和人群不产生先入为主的观念是很难的。事实上，艾伦也有这样的观念：他以为这份工作能提供更多展示才华的机会；他以为能在一个理想的工作场所，与一群成熟慎重、品德高尚、思想开放的人共事；他以为能享受到比印度更好的工作环境。很显然，艾伦对新同事的预想都是正面的，而新同事对他的预想则都是负面的。

我们建议艾伦阅读专栏上关于"回避"的话题（本书第4章会详细展开），这有助于他应对工作中的遭遇。我们还鼓励艾伦继续保持积极、同理、开放的心态；继续以积极的视角看待他人。当这种积极的看法确实与现实不符时，就试着宽容他们的无知和狭隘。确实有许多人就是通过贬低别人来拔高自己的。开放的思想和宽广的心胸能够为我们的生活保驾护航。狭隘的思想和斤斤计较的心态只会让一个人永远成为"井底之蛙"。

极端霸凌

2012年12月中旬的一个周五，一名男子持枪进入位于康涅狄格州的桑迪胡克小学。他开枪杀死了20名儿童，6名成人，然后举枪自尽。该枪击案后至本书完成之前，美国又发生了1399起大规模枪击事件，导致1564人死亡，5515人受伤。同期，有组织的恐怖袭击在世界各大洲上也日益见长，2017年上半年增长至少700起，造成4500人伤亡。这些国际霸凌者扬言会在全球范围内继续发动攻击，而美国将是他们的重点目标（进一步讨论见本章末尾）。这些恐怖袭击的增多，不管是个人枪击案，还是有组织的活动，都给我们带来了毁灭性的影响。

每当我们经历诸如大规模枪击等突如其来的毁灭性伤害（也包括媒体反复播放那些令人心痛、心碎的细节）时，我们总是会不由得被事件中那一个又一个的真实画面所震撼。当我们抱在一起痛哭，分享

内心的极度悲伤时，一种隐忧在我们的脑海里挥之不去——在美国还
存在着一个激进的社会团体。而当我们开始审视这个团体存在的原因
时，各种支离破碎的线索串成了一幅让人难以想象的画面——我们可
能在不知不觉中催生了这个团体。这个从人群中分裂出来的团体有很
多名称，包括连环杀手、模仿杀手、大众杀手、自杀式枪击者，但他
们都是美国本土诞生的恐怖袭击者，和中东的自杀式炸弹袭击者一样
令人胆战心惊，不寒而栗。尽管这些大规模谋杀案件背后的动机有所
不同，但它们的目标总是一致的。

两种论调

每次枪击案发生后，总会有这两种论调：①我们镇上绝不可能发
生这种情况；②枪击者怎么可能做出这种事。在研究了一千起大规模
枪击案后，我们发现这类恐怖事件在美国可自由获取枪支的那些地方
都切实发生过。另外我们还发现，这些罪犯都出于某种原因与社会完
全或者部分保持距离。他们分布在美国国内的各个小镇，通常都是独
来独往——不管是孩子还是成年人，他们通常都很安静、克制、害羞；
他们可能在社交上曾被同龄人孤立；他们还可能有被霸凌的经历，并
且曾经被故意排斥。

男生和青年男性怎么了

菲利普·津巴多（Philip Zimbardo）和尼基塔·库隆布（Nikita D.
Coulombe）在 2015 年出版的《雄性衰落》[Man (Dis)connected] 一
书中谈到，在美国，许多男孩和年轻的男性变成了孤独的社交隔离
者，他们不知道如何以非正式、私人的途径和其他人建立联系。他

们缺乏男性导师，他们中的大多数人的父亲常年缺位，身边很少有可仰望的年长男性，因此没有人教会他们如何正确地生活。由于身边没有人可求助，他们只能自己摸索，并且寄托于电脑系统和视频游戏。

美国的恐怖分子的形成

美国的媒体、好莱坞和游戏世界不断让观众看到逼真的血腥画面。电视节目以"新闻播报"为名，24 小时不间断地播放恐怖的信息，完全忽略此举可能带来的社会影响，或者说社会恐慌，并且利用恐惧心理诱使我们持续观看。还有一些"霸气的"电视剧及电影塑造了对杀手的崇拜。许多大热的视频游戏接二连三地奖励一系列恶劣的暴力行为。这些游戏的目标就包括制造大屠杀，玩家可以通过各种魔法方式续命或复活，从而不断磨炼自己的杀敌技能。对于精神状态不太稳定的人来说，这些游戏可能会麻醉他们分辨现实的能力，分不清电子世界和现实世界之间的界限。

有些模仿杀人犯和大规模杀人犯正是这些血腥画面的模仿者。他们一边看节目、看电影、看电视剧、玩游戏，一边想着"我也可以这么做"。他们的现实结构被摧毁，而当那些支离破碎的现实也走不通时，他们便已经无所顾忌。对他们来说，自杀不是为了震慑别人，而是以一种戏剧性的方式结束自己绝望的人生。

原因

在追寻答案的过程中，我们试图搞懂这些谜一般的事情。我们感到极度悲伤和绝望。我们对于这些恐怖事件发生的原因和过程都十分好奇。

大多数人都有过相信现在宿命的阶段——过往的负面事件带来了巨大的伤害，以至于我们感觉生活中的一切都毫无意义，注定徒劳，未来也会暗淡无光。所幸的是，大多数有这种感觉的人都不曾想过自杀，更没想过杀死其他人。我们在内心深处相信明天又将是崭新的一天——生活总会继续，一切会越来越好。可是，模仿杀人犯和大规模杀人犯却不这么觉得，在受到极为严重的创伤之后，他们深感未来无望（或者未来会越来越糟），自己已经一无所有。这些人可能还遭遇过极端霸凌，受过虐待，或者大脑受过伤。总之，他们成了反社会者，觉得自己的行为都是正当的。他们选择放手一搏，享受这种极端负面的现在享乐；如果不能全身而退，他们就选择被警察杀死。他们以自我毁灭为目标，并为此终极计划，贯彻到底。

改变时代

任何重大的时代变革都始于我们思维方式的改变。然而，思想的转变并非一朝一夕能至，而是需要长年累月的积累。但当我们开始审视某种毒性的观念，并专注于更为健康的观念时，我们就在慢慢推动变革的进程了。我们生活的这个时代对于霸凌的态度正在转变。霸凌不再是"正常现象"，不是成长必经的部分。一旦我们意识到这些从小欺负人的男生（以及他们的受害者）长大后可能成为危险人物时，改变就开始发生。

先来看看美国文化对于酗酒问题的看法是如何转变的。在黑白电影中，尤其是20世纪40年代流行的那些黑白影片中，剧中的人物通常酒壶不离身，整天与人推杯换盏，就连主人公也不例外！在往后的几十年中，不断有诸如"醉汉"（Otis）这样的角色出现。"醉汉"来自虚构的梅伯里（Mayberry）小镇，在剧中是一个滑稽的龙套角色，经常被人嘲弄，引人同情，但从来没有人把他当成一回事。他没有任何威胁性，但热心的镇长为了他的安全总会在晚上把他锁起来。

到 20 世纪 70 年代，警察开始阻止青少年的啤酒聚会，把他们遣送回家，但只会进行口头告诫。那时，毒品才是关注的焦点，而青少年饮酒还不算是严重的问题。此外，在这段时间内，高速公路和新手司机的数量同时大幅攀升，"婴儿潮"一代开始开车上路，而且通常是酒后驾车，与他们的父辈如出一辙。到 80 年代，车祸带来的人员伤亡不断上升，因酒驾导致的交通伤亡数不胜数，一名痛失孩子的母亲还专门发起了"抗议司机酒后驾驶母亲协会"（MADD）。这一切的一切说明，思考这个问题的时机已经成熟。随着媒体铺天盖地地报道这个问题，以及政府出台了更为严格的监管措施，培养"酒驾危险"的意识已经刻不容缓，如此才能避免当前情况持续恶化。如今，酗酒不仅仅是一个问题，还被认为是一种疾病。酗酒成性的人需要我们的理解和帮助，但醉酒驾车这种行为绝对不能容忍。"可爱的小镇醉汉"也不再是没有威胁性的一种社会形象了。

再来看看以往的那些青春成长题材电影。这种电影大多有一个臭名昭著的小镇恶霸，描绘了年轻的主人公和这个反派抗争的过程。尽管影片中大部分时间都是恶霸在欺负主人公，但一旦主人公直面恐惧，奋起反抗，恶霸就会被轻易打败。通常来说，打斗不会持续太久，恶霸很快就会被击垮，然后哭着跑回家，估计以后再也不敢欺凌弱小了。而主人公则重获自信、自尊，学到了长大成人的重要一课。在美国文化中，这些事情一直被认为是成长必经的阶段。不管电影中的这些事情在过去是否真实发生，在今天来讲都是绝对不可能出现的。考虑到

极端霸凌行为日益蔓延，以及由此导致的各种悲剧，我们绝对不能再
把霸凌行为仅仅看作成长的一部分了。

解决方法

我们能够做些什么呢？第一件事就是加倍留意这类问题，了解它
们发生的根源。及早发现霸凌行为，鼓励孩子通过沟通去表达愤怒和
失望，避免演变成武力和暴力对抗。认真对待孩子的愤怒，帮助他们
采用积极的方式处理这些情绪。避免过度保护（帮孩子出头），也应
该避免完全无视孩子被霸凌后可能产生的严重问题，在这两者之间做
好权衡。几乎每个孩子都会因为某种形式的霸凌而受到一定程度的影
响，不管他们是受害者，还是只是试图以这种方式为所欲为。学会辨
认霸凌行为出现的迹象，并学会帮助孩子走出困境，避免他们沦为
受害者或霸凌者。在外工作的父母尤其要注意这点，不能因为觉得
和孩子相处的时间宝贵，就放弃严格管教，拒绝当"那个坏人"，一
定要采取措施，在过分严厉苛刻和让孩子蹬鼻子上脸之间找到平衡，
请时刻记得自己才是应该掌控局势的成年人（见第 6 章中有关育儿的
内容）。

需要注意的是，在试图解决孩子问题的过程中，过去与霸凌有关
的经历会影响我们的感受和态度，以及影响我们的决定和面对具体情
况时采取的行为或反应。自我认知可能是我们迈向更积极的现在和
更光明的未来最重要的一步。此外，旨在促进容忍度和开放沟通的支
持性教育项目，以及提供积极榜样的指导计划，对你和家人都将有帮
助。如果你在这些方面有特殊才能，或者有所了解，可以考虑参加这
些项目和计划；你的宝贵贡献正是整个社区乃至社会所需要的。

仇恨犯罪与英雄

当今社会不乏各种英雄，他们的事迹等待着我们去挖掘。这些英雄中就包括莫里斯·迪斯（Morris Dees）——来自亚拉巴马州的一名勇敢的律师。迪斯于 20 世纪 60 年代开始成为一名人权律师，在此后几十年的职业生涯中，他致力于为各种歧视和暴力仇恨犯罪案件中的受害者发声。即使自己和家人的生命安全可能遭受威胁，他还是义无反顾地去抗击当时最著名的"三 K 党"，以及其他宣扬白人至上、煽动种族仇恨的组织者。他遵循本心，排除万难，建立了南方贫困法律中心（Southern Poverty Law Center），这个中心后来赢得了多起针对"三 K 党"成员的控诉，并代表受害者要求法院严惩施暴者。在他的努力下，这个势力庞大的仇恨组织基本瓦解。"三 K 党"是极端霸凌团体，他们以非白人和非基督教团体为目标，认为这些"异类""外人"具有威胁性。这种仇恨团体招募的成员大多生活失意却没处出气，它们会向成员灌输这样的思想：这些"外人"夺走了他们的工作、女人，以及他们实现"美国梦"的机会。于是，这些愤愤不平的人便开始攻击这帮替罪羊。尽管这些攻击并不能真正帮他们改善生活，但对付这些"假想敌"的行动让他们产生了掌控生活的错觉。

时至今日，白人至上主义团体依然在美国国土上实施着各种令人发指的仇恨犯罪行为。偏见不是天生的，而是后天形成的，通常源自家庭教养。如今，互联网的作用也日益凸显。互联网给这些人提供了招兵买马的途径，那些原本打算独自行动的人都能获得鼓励和支持。近年来，意欲叛逃出美国，加入恐怖组织的人数不断增加。这些人中有许多还未成年，为了追求恐怖组织刻画的迷人、勇敢、正义的事业，想方设法离开美国。父母、教育者，以及法律系统本身对应对这种不断加剧的危机仍然毫无头绪。

最有力的工具：教育

很遗憾，目前的各种霸凌行为和恐怖主义行为在短期内都还无法得到解决。在这种情况下，教育的作用至关重要。通过教育，我们可以教会孩子如何应对这些行为，同时帮助他们树立正确的世界观。美国当下正涌现出各种运动，以倡导学校在各年级围绕"冲突与问题解决""人际关系""理解与尊重不同文化及生活方式""学习沟通技巧、容忍及共情"等主题，增设相关课程。理想情况下，学生可以在这些课程中安全地讨论自己的问题，分享想法和情感，同时获得理解。南方贫困法律中心的"忍耐力教学"项目准备了适合所有学龄儿童的教学材料，而我们自己的"英雄想象计划"也一直致力于鼓励年轻人心怀希望，用积极的角度看待未来。尽早接受教育是促进未来朝积极方向发展的最有力的工具。

桑迪胡克小学那些逝去的无辜生命，以及在这之后美国发生的1000起大规模枪击案（距写作本书最近的一起发生在佛罗里达州的奥兰多，103人被枪击，50人死亡）向父母、老师、宗教领袖、政客，以及心理治疗界发出了终极警告，提醒我们应该适时开发一些项目，让年轻人能够充分从中发挥自己的作用，从而获得认可、尊重和友爱。这是社会心理学的内容，可以通过在学校、邻里、工作场所乃至美国国内创建更积极、友爱、相互理解的社区来实现。这项任务颇为艰巨，但它是我们在旧金山的"英雄想象计划"所倡导的"新每日英雄主义"的核心。让像阿拉娜那样的故事成为鞭策鼓舞我们的动力。别让在康涅狄格州发生的事情和每天重复上演的那些事情撼动我们的世界。将目光集中在那些作为英雄的老师和无辜的受害者身上——通过观看电视节目和阅读书籍了解他们的英雄事迹。记住他们的名字，而不是那些恐怖主义者的名字。让我们一起向他们致敬，然后团结地走向更光明的未来，同时尽我们所能帮助那些痛失至亲的家庭。

正如美国前总统奥巴马于 2013 年 12 月 14 日在对美国人民说的那样："我们经历了太多这样的悲剧……我们痛心疾首……这个国家经历了太多这样的时刻……这些孩子是我们的孩子……我们必须摒弃政见上的不同，团结起来，切实采取措施防止更多悲剧再次发生。"

这些痛苦经历让我们对世界的安全性产生了怀疑。我们不应该因为恐惧就任人摆布，而应该召唤心中那个英勇的自己，勇敢地面对一切。让我们一起思考如何在快速变化的世界里保护自己。让我们着眼于人类的未来，而不是沉溺于过去的惨痛经历，这样才能做好每一个决策，共同向着光明的未来前进。

参考文献

Gordon, Sherry. "Six Types of Bullying You Should Know." June 15, 2016. *Heroic Imagination Project.* heroicimagination.org.

Zimbardo, Philip, and Nikita Coulombe. *Man (Dis)connected).* Rider, 2015.

CHAPTER 4
第4章

回避：最极端的拒绝

　　过去几十年间，"回避"这个话题频繁出现在我们的视野之中，让我们不得不正视它的存在。说到这个问题，我们大多都能举出自己回避他人，或是被他人回避的一两个事例。在第一种情况中，你可能因为太忙没时间招呼对方，所以就扭头快速从他们身边走过，希望没被认出来。虽然你自己知道这样做的原因，但对方却可能感到一头雾水，尤其是当他们之前和你关系还不错时。当然，反过来说，也可能是你看见一个许久没见的朋友，和他打声招呼，但对方却在明知你径直朝他走去的情况下掉头往回走。你思考了好几个小时、好几天，乃至更长的时间，试图弄清被无视，甚至被回避的原因。如果你觉得对方本该喜欢、接纳，乃至尊重（更理想的情况）你，你内心所遭受的伤害一定是加倍的。

　　我们在学校时应该读过纳撒尼尔·霍桑（Nathaniel Hawthorne）的

经典著作《红字》(*The Scarlet Letter*)，或者其他类似的作品。这些作品里的故事有着共同的主题：几百年前的某人因为做了被认为是不道德的事情遭遇整个社区的排斥。在过去的几十年中，这种排斥又拓展成了复杂、消极的回避方式。这种方式可能会摧毁被回避者的希望，对他们造成伤害。我们多数人第一次体验到被回避是在上小学的时候。你应该熟悉这种情况：群体中的几个成员因为某个孩子太高、太矮、太丑、太穷、太聪明、太木讷，在商量后一致认为这个孩子不合群，然后就开始处处躲着这个孩子。有时候，这个"幸运儿"就是被随便挑选出来的，没有什么具体的原因。对许多被选中的孩子来说，他们的这种境遇可能会一直延续到成年生活。当回避行为明显针对个人时，这种行为似乎就变成了无声的霸凌。

持续性伤害

有这么一种看法：与其说我们的社会充满残酷的竞争，倒不如说是充满傲慢不屑的眼光。在我们要面对的各种蔑视中，没有什么能比被当作不受欢迎、毫不相关的透明人更让人痛心。从社会心理学的角度来看，回避这种行为本质上是社会排斥或精神排斥。为什么我们会有排斥他人的行为？下文列举了部分原因，给出了不同类型的回避及具体的例子，同时剖析了回避带来的伤害。

⧗ 尴尬——对方知道你最近组织了一个聚会，但没有收到参加聚会的邀请，而你一直回避谈论这件事情。因此，当你在商场看见他们时，就马上冲进商店里躲起来。伤害：对方不明白自己做错了什么。

- 羞愧——你在入职新公司后把前公司的信息透露给现在的公司。你知道自己这么做是不道德的，所以一直躲着前领导和前同事。伤害：你的前同事不明白发生了什么，可能最终会收回对你的尊重。

- 嫉妒——你对某人在你所处领域上取得的进步很是嫉妒，而且发现对他们采取被动攻击行为并没有任何成效，所以你反过来躲着他们。伤害：那个人或者其他人意识到了你的行为，对你产生了不好的想法。

- 生气——你就是不喜欢对方。他们总是惹怒你，又察觉不到你生气的信号。因此，你选择不和他们出席同一个活动，或者恰好和他们在同一个房间时，就尽量躲着他们。伤害：对方①认为他们做错了什么，②自尊心受挫，并且③认为你有人格缺陷。

- 种族或者文化偏见——你对自身环境之外的文化有不好的偏见，因此，如果你觉得某人所属的种族或所在的文化名声不好，你就会回避他们。伤害：你冒犯了别人，并且错失了向你实际会喜欢的那些人以及他们的文化学习的丰富机会。

- 时机不好——你刚好没有时间聊天。伤害：对方认为①你是势利小人，②你没有看到或者没有注意到，并且③不在乎他们。

- 害羞——你十分害羞，因此你几乎回避所有人，但内心深处其实渴望并且需要这份社会联系。伤害：你错失了丰富的交友机会。

菲尔被人回避时做了什么

　　下面我们来看看菲尔是怎么应对社交困境的。菲尔高中时，他们举家从纽约搬到了加利福尼亚州的北好莱坞。搬家之前，菲尔在学校一直很受欢迎，大家不仅赞赏他的聪明才智、领导能力，对他的篮球技能和田径技能也很是欣赏。但从进入新学校的第一天起，他在各方面受到了赤裸裸的排斥。具体来说，同学们都不愿意坐在他旁边，或者当他出现在咖啡厅或礼堂时立刻躲开。这种彻头彻尾的社交排斥让菲尔很受伤，他患上了严重的哮喘，更糟糕的是有时还会因为整晚无法入眠而不得不待在家里休养。菲尔说这明显是一种身心应对机制。

　　到了春季学期，菲尔加入了棒球队。有一次，在坐公交车去参加比赛的路上，为了弄清大家回避他的原因，菲尔询问一名队友大家对他实施社交惩罚是不是因为自己做错了什么。队友的回答让他有点吃惊："很多孩子都怕你，他们觉得你家里肯定有东海岸黑手党的背景，因为你是意大利人，我们学校唯一的意大利人，所以最好离你远点，免得惹怒你。"这与事实相去甚远！但究竟是什么原因也不重要了。为了治好他的哮喘，菲尔一家搬回了布朗克斯。神奇的是，回来后不久，菲尔那可怕的哮喘就立刻消失了。到詹姆斯·门罗高中的第二个学期，他就被评为高年级里最受欢迎的男生。

灵长类社会中的合作

　　弗朗兹·B.M. 德瓦尔（Franz B.M. deWahl）在其精彩文章《灵

长类动物——冲突解决的自然遗产》（Primates—A Natural Heritage of Conflict Resolution）中写道：

> 斗争（aggression）这个概念传统上被认为是一种反社会的本能行为，但如今总体上被当成一种竞争和谈判的工具。当生存有赖于互帮互助时，表达斗争的冲动就会受到遏制，以求维持一种互惠互利的关系。此外，灵长类动物在进化的过程中还创立了一套应对破坏性后果的方法。比方说，猩猩在打斗后会互相亲吻和拥抱，其他非人类灵长类动物也有类似的"冲突缓解"方案……要实现全面的自然制衡，必须重视搞好社会关系。
>
> 灵长类社会具有相互合作的特点。某些灵长类，如猩猩或者人类，就存在群体间暴力活动。不过，更为常见的其实是群体内部的拉帮结伙，也就是两个或两个以上的个体组成联盟，一同对付第三方。因此，级别最高的个体不一定最强，能够获得最多支持的那些才是最强的。

总的来说，我们是合作性的群体，而且这种合作在某些人看来具有积极的影响。但是事实上，我们的合作也可能是负面的，霸凌者们发起的"群体间暴力活动"就是有力的说明，这里所谈及的"回避"问题就包括在这些活动之内。我们再来看看其他专家对这个问题的说法。

珍妮·古道尔的观点

世界著名灵长类动物学家、动物行为学家、人类学家，以及联合国和平大使珍妮·古道尔（Jane Goodall）在《贡贝黑猩猩中的社会排斥和社会回避》（Social Rejection Exclusion and Shunning Among the Gombe Chimpanzees）一文中分享了一个深刻的观点：

> 直到最近，搬进传统英国村庄的新居民（或"外国人"）还是基本未被大多数居民真正接受，除非他们在那里住得够久。黑猩猩部落中对患有小儿麻痹症的猩猩先是恐惧，而后是回避和排斥的这种行为也存在于人类社会中，特别是（但绝不仅仅）在孩子中。在黑猩猩社会和人类社会中，残疾或者外貌异常的"受害者"通常只有在大家熟悉他们后才会被接纳。不过人类群体中所实行的群体制裁，以及通过排斥（回避）异常行为所实施的群体惩罚，还未在黑猩猩社会中有真正复杂的演变。

回避行为的激增

据估计，人类90%的进化都发生在采集社会时期。那个时候，个体只有被部落接纳才能生存下去，因此人类对被群体排挤显得异常敏感。随着人类社会的发展，回避行为发生的次数越来越多，发生的场所也越来越广——从孩子的操场，到老人的退休社区。我们一步步地细化这种行为，直到最终无人能够幸免。回避行为无处不在，不分性别（尽管在社会团体中，女性使用回避行为的频率多于男性），不分文化，不分辈分，也不分社会。它看似什么也没表达，却又最"响亮"地传达出了强权对弱者的压制。

　　尽管回避行为带来的伤害是无形的，但我们也不应该就此忽视这些行为的存在。被回避的经历必定会影响个人的自我认同，而且长此以往会引发诸如 PTSD、社交恐惧症、抑郁等情绪障碍。回避行为是一种社会行为，实施者通常不考虑他们可能对别人造成的伤害。我们发现大部分回避行为的"带头分子"似乎都有强烈的自恋特征，倾向于主导和控制社交活动，无法体会他人的感受。在美国文化中，尤其是在女生群体中，"不能生气"似乎是个不成文的规定。但这些被压抑的怒火很可能会很快以暴力的方式被发泄出来，因此用这种方法来处理最基本的情绪既不诚实，也不健康。不管在学校、工作场所、教堂，还是在社会俱乐部中，将某人踢出核心群体都是暗中削弱被排斥者存在感的一种方式。史蒂夫·贝克尔（Steve Becker）在其博客中写道"沉默表达的是蔑视，其含义是'你的存在不需要我花费精力去理会，更不用说你的感受和需求了'"。作为得体正派的人，我们必须想办法鼓励大家通过沟通来表达愤怒，这才是健康的表达方式。当我们诚实面对自己的感受，并和他人积极沟通时，我们才能最终解决问题，回避这种不得体的行为在社会上就不会有立足之地。

　　一般来说，回避行为和特定的场景有关，不应该和故意霸凌或暴躁的反社会行为混为一谈，在各种群体中，阿米什人的回避行为最突出，电影《回避》（The Shunning）就有趣地刻画了阿米什人的这种行为。类似的回避行为在其他团体中也存在。团体成员如果有离经叛道的行为，他们就会受到区别对待，并被刻意回避。被回避者尽管没有实质上从群体中被驱逐，但在群体中已经毫无存在感。这种形式的回避通常被看作社会性的排斥，而不是个人出于某种原因不喜欢他人而进行的精神排斥。不管是哪种形式的社会排斥，其结果都是一样的——被排斥者体会不到自我价值、丧失自信以及对他人的信任，同时会产生一些不良的生理症状。当然，最大的损失之一就是失去那些留在团体里的我们曾经的密友，乃至家人。

除了通常为遵守某种秩序而进行的教义性回避外，如今还有越来越多原因不明的社会性回避。我收到很多读者留言，其中许多读者都谈到自己在教堂莫名其妙地被回避的经历。遭遇这种痛苦的人应该怎样从中恢复呢？

宗教回避案例

我们和约翰接触有 5 年多的时间了。约翰是某宗教的教徒，不过他刚开始来咨询的是宗教之外的问题——他在工作中受伤并患上 PTSD，想要寻求这方面的帮助。然而，随着时间的推移，他的宗教背景开始进入我们的治疗进程。约翰十几岁时因信仰改变脱离了曾经信奉的宗教，此后一直生活在自我强加的社交隔离中，他的父母及其他家人都仍是该教教徒。约翰二十岁出头就结婚成家。尽管他私下推崇教会的一些核心思想，但因为害怕被回避，他十几年来从未和他人提起自己的宗教背景。约翰刚开始因为教徒的身份被别人排斥，后来又因为脱离了那个宗教被教友排斥。

在他提到自己的宗教背景后，我们一起分析了这些回避经历对他生活各方面的影响，包括如何影响他对咨询问题的处理。因为害怕会受到伤害，约翰不愿意相信别人。现在，尽管他还是会在大部分谈话中避免谈到宗教、政治之类的话题，但他已经会及时扩充自己的领域，在交友上也不囿于宗教信仰，而是选择和思想开放的人交朋友，从而过上了更充实的生活。

他是怎么做到的呢？通过运用时间观疗法，约翰学会了用积极、美好的记忆取代他认为的消极记忆（所有的经历，不管是好的、不好的，还是中性的，都对我们有所教益）。他现在会制订积极的未来计划（对更光明未来的希望会驱使我们不断向前），并且在当下争取时间和家人、新朋友相处。这些听起来都很简单，实际做起来也不难。我们看待生活（情况、任务、经历）的方式直接反映了我们的思维方式和内容。如果我们期待的是伤害，我们等来的可能就是伤害。但是伤害能引发思考，通过开放性的反思，我们能获得更多启迪，从而做出适当的调整来改善自己和我们所爱之人的生活。

职场回避案例

以下是有关职场回避的两个真实案例，或许你会有共鸣。

克劳德

七年前，五十岁的克劳德找到了一份工作，他的同事大都是二三十岁的年轻人。虽然公司中有一些"老同事"的处境不错，但他从进公司的那刻起就感到自己备受冷落。克劳德承认，由于存在一些严重的健康问题，他看起来可能比实际年龄要老；他也承认自己走路总是低头含胸，似乎有意让自己淹没在人群中。克劳德认为，每个人都不希望自己二三十年后成为他这样的人——孤独、没有孩子、没有朋友、不受尊重、仍在低级岗位工作、一无所有。他猜测他们是怕被他传染，变得像他一样，才有意回避他的，克劳德说服自己被回避和"无视"也没关系，这样他就可以安静地完成工作。

至于老板，克劳德认为他本质上还算正派，但也和别人一样，似乎总忍不住要欺负他。在克劳德看来，老板可能比其他人更讨厌他，因为老板总是放任自己欺负这个绝望的下属，然后又会感到内疚。克劳德感到绝望透顶，他想到的不是早日退休，而是早日离开人世，这样他才能最终享受生活中享受不到的宁静。

玛莉亚

玛莉亚觉得自己在工作中总是被忽略，或者被莫名其妙地排斥。她从同事那里获知，老板给部门内的所有人都发了邮件，询问她的工作是独立完成的还是交由下属完成的。这件事恰好发生在玛莉亚的合同准备续签的时候。起初，同事们都支持她，他们向老板汇报了玛莉亚所做的一切，并且称赞她是个好帮手。但这并没有缓解玛莉亚和领导相处时的不安，因此她特意询问老板对自己工作的改进意见，但没有得到任何回应。合同续签会议的时间表公布之后，玛莉亚发现自己的名字并不在上面。再加上此前同事们收到的质疑邮件，玛莉亚感觉像被人狠狠抽了一巴掌。

此前，老板没有明确表示过对她的工作表现有不满，甚至在她询问如何提升自己、提高工作效率时，老板也没有提到什么。表单公布后，她被叫到了办公室，老板告诉她因为公司结构调整，明年将取消她的职位，但是在她问及原因时老板没有给出进一步的解释和回应。

然而，玛莉亚丢失的不仅仅是职位。在离开公司前的那段时间里，她感受到曾经尊重和支持她的同事渐渐疏远她。那些曾经友好相处的同事似乎无缘无故就变得无礼和傲慢。玛莉亚在公司已经没有任何前途可言，但按规定还需要待上一段时间。她现在特别害怕去上班，害怕面对那些曾经的好同事的冷漠和回避。

"匮乏"的感觉

　　尽管文化在经历巨大的转变后总体上在朝更好的方向发展，但过去发生的许多事情还是加深了人与人之间的不信任感。美国的传统是基于有实力的个体构建强大的集体，但由于多年来经历的种族动乱、不得人心的战争、动荡的经济、低效和腐败的政府，以及一系列其他耻辱和失望，美国人坚韧不拔的精神里特有的力量和韧性正在逐步减弱。这些使许多美国人萌生了过去消极和现在宿命的时间观。美国人不太相信个体自身的力量能让政治体制、周边环境、邻里社区，乃至自己的生活产生积极的变化，因此更愿意把问题怪罪在别人头上，这种情况削弱了我们的个人责任感。

　　美国有太多人对贡献社会、参与社区建设活动，甚至是投票的意义都不甚了解。人们也许能感到自己遭遇背叛，但说不清具体是在哪些方面，以及是被谁背叛。一种说不清的绝望感和无力感裹挟着那些对社会不满的人、那些贫困交加的人，以及那些眼见自己一生的努力和计划付诸东流的昔日中产阶级。痛苦是可以传播的，对有心人来说，现在就有很多机会可以诱使那些绝望的人相信，针对问题责任方制造仇恨、混乱、暴力、偏见和报复是对世界拨乱反正的方式。从更广的意义上来看，这已经成了我们今天所熟知的恐怖主义的主要来源。但就算是那些不可能陷入这种极端主义的人，也有可能会针对某个人做出一点残忍行为，比如回避他们。事实上，类似的方式还有许多，对个人来讲都同样具有伤害性，而且其造成的社会弊病和文化毒瘤正是我们想要治愈的。

如何控制

尽管上文描述的都是现代生活中的黑暗面，但我们还是可以凭借内心力量和自身能力，去为自己、为下一代，以及为国家建设更美好的未来。这一切应该从哪里着手呢？第 3 章曾经谈到，遭遇关系霸凌的艾伦在新公司中追求"透明化"。"透明化"这个词经常在美国政府和商业报告中出现，但艾伦认为这个词也适用于人际互动和公司政策。理想情况下，我们都向往诚实，但实际上我们大多数人连时刻做到对自己诚实都很不容易。因此，我们可以从这里着手来做出改善。

如果你倾向于回避别人且又不想改变自己，那么你可以先试试站在别人的角度考虑问题。同理心和沟通总会带来惊人的效果。比如，在派对的那个例子中，别急着冲进商店，抬头正视对方并给出解释：你能邀请的人数有限，对未能邀请对方感到很抱歉。这个解释是可以接受的。如果你没有时间和对方交谈，不要转身就走，礼貌对待正预备和你交谈的人，告诉他们你的行程比较紧，他们是能够理解的。如果你很害羞，正在生对方的气，或者有文化偏见，可以简单地说句

"你好"，然后就继续往前走。花点时间和对方打招呼，哪怕只是几句寒暄，都能让对方感受到你对他们的尊重，也能保护他们的自尊。与工作有关的那两个例子涉及的情况较复杂，而且造成的伤害可能是无法逆转的，我们只能告诫自己以后遇到同类情况要更好地处理。

如果你觉得自己被人故意回避，可以有两个选择：抬头挺胸，继续前进，别浪费时间在自己身上找原因。或者咬紧牙关，鼓起勇气和那个人谈一次，表明你的感受，请他／她告知回避你的原因。这样你就能给自己一个交代。一个结果可能是你对自己或者回避者有了珍贵的认识，尽管这些发现你不一定喜欢。另一个结果是，你可能获得了一个消除误解的机会。还有一种可能是别人根本没有回避你，一切只是一场误会，因此群体中有些事情需要修正。但从最终的结果看，你获得了选择的机会，并且你能为自己的行为负责。

保持积极的时间观需要你尽最大的努力去关注自己，以及他人身上的优点。你必须对自己有信心，相信自己有能力做出推进生活的积极改变。有位读者曾经讲过一个故事，给了我们很大的鼓舞。故事是有关一位新婚妻子在婆婆家遭受不公平回避的经历。这位新婚妻子一直被排除在家庭聚会之外，但她没有因此感到孤单或者被疏远，相反，她趁此机会计划和愿意接受她的新朋友们一起演奏音乐。面对排斥，她找到了积极的回应方式，并始终相信"不卑不亢……前路总会有人做伴"。

关注过去或者当下那些美好、鼓舞人心、收获满满，以及快乐的时光是对抗消极和绝望的绝佳良药。感恩的心态，以及对美好事物终将战胜失败的信念能帮助你扭转局势，渡过难关。塞翁失马，焉知非福，明白这点你就能获得力量。看似不公平的待遇其实有助于你吸取经验教训，或者帮助你发掘内心的力量。这需要你自愿声明自己的权利，并且承担个人责任——不仅仅是对你的行为、话语、事迹，还经常是对你对外部影响的情感和反应。比如说，如果某人出于负罪感而回避你，那么你需要意识到自己只是一个导火索，而不是目标本身。文化上，我们倾向于把问题归咎于自己。如果过去的经历让你有被排斥的感觉，其实可能只是其他人考虑不周、不体贴，或者不可靠。残酷、无情的行为可能会伤害你，但往往也总能有办法让你走出伤痛，成为自己的英雄。

不管怎样，未来取决于我们自身，决定权在我们手上：我们可以盯着眼前的愁云惨雾，也可以努力去创造更光明灿烂的未来。当然，作为长期的乐观主义者，我们总是会选择放眼更美好的前景，并鼓励其他人加入这条更诱人的道路。

参考文献

deWahl, Franz B.M. "Primates—A Natural Heritage of Conflict Resolution." *Science,* Vol. 289 (28 July 2000).

Goodall, Jane. "Social Rejection, Exclusion and Shunning Among the Gombe Chimpanzees." California Academy of Sciences, undated.

第5章

性与时间观

　　有这么一件事，你很可能在过去的某个时刻幻想过它，体验过它，忍受过它带来的痛苦，或是在这方面颇有心得。又或者，你曾经出于某种原因无法做这件事，但现在正在练习它。"这件事"就是"性"（sex）。性是相当深奥的。

　　我们对性的关注始于小时候对性器官的探索，对许多人来说，这种关注还会延续至生命的最后一刻。性是我们生命中不可分割的一部分，即便我们并未直接尝试过。性在我们周围，也在我们自身。我们的身份认同——我们看待自己和别人看待我们的方式——本质上和性息息相关。在一些国家，性充斥在生活的各个角落，有些国家公开出售性幻想产品，也有些国家宣扬性是最应该努力避免落入的陷阱。

　　美国文化有很多关于性的讨论，但通常都过于直接和粗浅。从种种迹象来看，美国人对性的看法似乎还不是很成熟——性被当作男女价值的度量标准，重要却又可望而不可即。面对社会的重重施压，每个人都不得不努力证明自己有异性缘。与此同时，美国媒体大肆传播有关性的图像和画面，宣扬各种失之偏颇且不切实际的性感指标。在媒体的引导下，美国人开始相信，要变得"性感"和"迷人"，需要有特定的外形条件、遵循特定的穿衣风格、培养特定的饮食习惯，以及选择特定的交通工具。可是，如果按照这些标准，原本一些不良的行为做派，如尖酸刻薄和夸夸其谈，恐怕也是性感的表现了。性行为本该是爱情和生活中的自然馈赠，但一直笼罩着一层神秘的面纱。

过去对纯洁健康的性生活的想象压制了人们对性的追求和渴望。如今，性已经褪去神圣的外衣，成为日常之事。在相当长的一段时间里，人们严格奉行和遵守的性行为准则只有一条：性行为只能发生在成婚的男女之间，其主要目的是繁衍后代，而不是享乐。但在过去的百年间，关于性的观念已经发生了翻天覆地的变化。这种变化带来了一些问题：对性压抑、性偏见、清教徒式的清心寡欲的革命性颠覆使老一辈人感到无所适从。但好的一面是，对于多样化的性感表达方式的接受度正在逐步上升。我们看到越来越多的人满足于自己的中等身材和体重，而不是一味地追求杂志上的那种模特身材。我们有望进入一个兼具自由和包容的、更光明的时代，到那时，性感的标准不再是一分为二的"好"与"坏"，人们也不再需要通过反叛或做出负面行为来逃离特定社会性别结构施加的枷锁。

那么，我们应该怎样开启一种崭新健康的性理念呢？和其他事情一样，我们应该考虑从自身做起。如果我们每个人都能正视不愉快、不完美的性经历，以及扭曲的社会性别观念引发的负面感受，并且治愈由此带来的自我形象受损、恐惧和不满足感，我们就能持续看到文化范式的积极转变。那么，我们应该怎么开始呢？实际上，我们看待个人时区（personal time zones）的方式和我们对性的感觉息息相关——不管这些感觉是好的、不好的、无所谓的，还是兼而有之的。这种关系是怎样的呢？我们将会一一剖析。

下文的内容包括：与性有关的时间观（不管是积极的还是消极的）失衡的后果，以及这些时间观的相应识别方案。

过去消极：性生活一点都不美好

过去的一些消极性体验会对个人心理产生深远的影响。这些糟糕的体验（早泄，性虐待，为选择错误的时间、对象、方式而深深自责）会让人怀疑自己是否永远无法在这件事情上表现得优秀、足够好，或者是否往后都无法自如地享受性生活。对有这些想法的人来说，每当他们有机会和别人进行亲密的身体接触时，总会因为过去的负面经历而选择退缩，还会捶胸顿足地问自己"我怎样才能做得更好"。即便他们真的接受了这份亲热的邀约，或者尽力去尝试，有些人又会觉得自己只是敷衍了事，还有一些人则觉得自己做的事情很龌龊。他们都不再相信自己能再体会到令人满意、互相满足的性生活。

辨别过去消极的性时间观

有过去消极的性时间观的人可能有过如下经历：曾经遭受虐待、被冷落；被伴侣欺骗背叛，或者欺骗背叛过伴侣；父母相处模式不健康；父母是自恋人格；父母离异；等等。不管导致他们陷入这种时间观的原因是什么，他们在某种程度上会让自己止步不前。他们可能不会，又或者根本无法从性经历以及亲密关系中感受到愉悦，具体是哪种情况还要取决于过去那些负面经历的严重性。当他们确实进入一段恋爱关系时，他们所挑选的伴侣一般存在问题，或者情感上有缺陷，因为一段健康的关系对他们颇有威胁性——他们害怕别人的期待。对曾经经历过虐待或者背叛的人来说，一段健康的关系看起来就是别人操控他们的陷阱或者手段，他们很难相信健康的爱意表露和情感表达真的会出于真心。

那些持过去消极时间观的人通常在情感、肢体和精神上都与伴侣保持距离。他们往往会呈现出坏男孩（坏女孩）、完美主义者、控制狂的形象。不管男性还是女性，那些有彼得潘综合征的人都属于这类持过去消极时间观的人。女性可能认为自己是受害者，发现自己正在扮演此类负面角色，或者被这个类型的角色所吸引。尽管男性更容易采取暴力发泄自我，但女性出于潜意识里自我保护的需求，也可能采取"最好的防御是攻击"的方式，所以她们和男性一样也可能成为性侵犯者。

如果你属于这个类型，可以反思以下几个问题：

⌛ 你觉得自己是否值得被爱？

⌛ 处于两性关系中是否让你感到焦虑？

⌛ 你是否认为在你感到愉快或者"选择放下"时，不好的事情就会发生？

⌛ 和伴侣分享秘密的思想和感受是否让你感觉不适？

⌛ 当潜在伴侣表现出"危险性"时，你是否既兴奋又害怕？

⌛ 你是否对新伴侣特别挑剔，觉得没人能符合你的标准？

⌛ 和伴侣亲热前你是否需要先吃点药或者喝点酒？

过去积极：天啊！性真是太美好了

理想情况下，我们应该都持有这样的态度。在性经历方面，持有过去积极时间观的人专注于其美好的一面，而不过多纠结其糟糕或者单调的一面。他们基于过去的美好回忆和愉快经历来评价、回应当前的情况。通常来说，这类人对过去的经历有积极的感受，相对于持过去消极或者现在宿命时间观的人来说，他们没那么焦虑。他们在生活中看起来总是更快乐、更健康、更成功，不管他们能否用乐观的滤镜看到事情真实的一面。但这些持有过去积极时间观的人也可能面临一些问题，尤其是可能因为怀念以往的某段时光、某个地方以及某个人而不愿意去迎接新的体验。

辨别过去积极的性时间观

持有过去积极时间观的人不管是在成长过程中，还是在以往的人际关系中，都有许多美好愉快的回忆。他们可能觉得自己过去非常幸运，能一直被爱包围。持有这种观点的人可能是经历过丧偶的人，但之前和伴侣的融洽关系让他们有信心重新收获爱情。还有一些虽然是离婚了，但双方是属于好聚好散的。

如果你属于这个类型，可以反思以下几个问题：

⏳ 在伴侣离世或者和另一半离婚后，你是否担心无法和另一个人建立起一种特别的联系？

⧗ 你是否觉得找新的伴侣是对美好回忆的背叛？你是否对放下旧
　回忆开启新人生感到罪恶？

⧗ 你是否对主动出击有顾虑？

现在享乐：开始吧！趁现在

对那些生活在当下的人（现在享乐主义者）来说，性是一件既刺
激又危险的事。现在享乐主义者追求轰动与新奇，他们毫无保留地给
予，毫不顾忌地索取，把性变成了一种毫无节制的享乐行为。然而，
当他们沉浸在当下的热火朝天时，就容易忽略应该采取相应的安全措
施，来防止未来可能出现的问题。在那一刻，现在享乐主义者只顾沉
浸在某种乐趣中！运气不好时，他们有可能要为这种疯狂付出沉重的
代价，比如意外怀孕或者染上性传播疾病。当现在享乐主义者得意忘
形，或者对成瘾人格不加约束时，麻烦也将随之而来，想想那些接二
连三出轨的人。当然，我们认为，和在乎的人有选择性地享受当下的
性愉悦对双方来说都是一种快乐，这能够治愈创伤，让双方更亲密，
重新找到生活的情趣。

辨别现在享乐的性时间观

现在享乐主义者做任何事情都追求新鲜刺激的感觉，追求愉悦。
他们只顾眼前的快乐，很少思考行为的后果。他们更多是仰仗身体本
能，而不是头脑的判断。许多人只是想要一次短暂的邂逅，既能满足

自己的需求，又无须负任何责任。通常来说，现在享乐主义者在成长中，在树立和确立适当边界方面缺乏指导。他们可能是家里最小的孩子，总有人替他们照料一切。

沉溺在现在享乐主义中的人通常不想承担责任，或者还没成熟到可以处理长期关系，因此他们拒绝做出承诺，也不想追求长期稳定的恋爱关系。这个类型的人可能会有多段婚姻，而且对每段婚姻的热情也总是来去匆匆。

如果你属于这个类型，可以反思以下几个问题：

- 你是否在"解读"他人或者理解他人对你的需求方面存在困难？
- 你是否害怕被利用？
- 你是否会故意选择那些与你不在同一层次的人，以便你能随时抽身离去？
- 你是否认为激情和长期稳定的关系并不兼容？

现在宿命：该来的总会来

现在宿命主义者认为个人决定没有任何实际意义，因为引导着生活航向的是命运。他们关注的不是能否掌控局势，而是不让自己影响局势，因为他们大多认为生活会沿着既定的轨道前行，人为干预不起任何作用。在和遭受严重创伤的退伍军人以及市民的接触中，我们发现现在宿命主义者经常因为听天由命而放弃了自己的未来。这种心态或许对战场杀敌很有必要，但一旦他们回归日常生活，这种心态就会起到反作用。

辨别现在宿命的性时间观

大多数现在宿命主义者都相信"命中注定"。这意味着这些人面对爱情不会采取主动措施。他们认为如果有真命天子（真命天女），那么一定会有神奇的魔力让彼此相遇。有时，他们让绝佳的伴侣和自己擦身而过，并对此表示"时候未到"。他们不喜欢主动出击。和现在享乐主义者一样，现在宿命主义者为了掩盖内心对于承诺的恐惧，总是避免在关系中的各个方面承担责任。这个类型的人比较被动，性格顺从而不强势。

如果你属于这个类型，可以反思以下几个问题：

- ⌛ 你对伴侣是否不够果断？
- ⌛ 当你对自己的命运负责，并且更积极主动寻找合适伴侣时，会有什么损失？

未来的性时间观：恐惧未知

男性和女性在对待性生活上都会担心自己表现不佳。其中男性的表现更为直观，他们考虑的是如何在性生活中保持良好的表现。而未来导向型的女性更多的是在乎自我形象，会考虑到男性对自己的评判。

此外，男性和女性都会考虑在性生活中，能否同时给对方带来美好的感受。

辨别未来导向的性时间观

相比拥有其他类型时间观的人，持有未来时间观的人的"第一次"一般发生得比较晚，而且他们非常注重做好保护措施。他们在成长中见到的父母很可能相处愉快，但表现得较为拘谨，很少有亲密的互动。这种类型的人通常能找到健康长期的亲密关系，但也有可能是相反的情况，即他们会为了其他目标把爱情和性放到一边。不平衡的未来时间观的影响与明显的现在享乐时间观的影响是完全相反的。拥有这种时间观的人总会觉得延迟满足更为值得。那些某天醒来突然觉得生活"空虚"的工作狂和赚得盆满钵满的中年男女属于这个类型。

如果你属于这个类型，可以反思以下几个问题：

⧖ 你能够放轻松，享受那些浪漫亲密的瞬间吗？

⧖ 你是否因为事业而一再推迟寻找伴侣？

⧖ 你上次制造（感受到）一次真正满意的高潮是什么时候？

超越未来时间观

持超越未来时间观的人为了死后的回报宁愿摒弃现世的欲望，僧侣就属于这一类。我们没有为这类人群提供反思性问题，因为这种生活方式是他们特意选择的，而不是个人存在什么问题。

何为理想的性时间观

陷入上述某种单一特定的时间观意味着有某种极端的人格，这种情况不难找到典型案例。但是，大多数人的时间观都是复合型的。不管你是否了解自己的时间观，你一定对理想的性时间观十分好奇。如果你想要的是一段长期关系，或者已经处在这样的关系中，理想的时间观应该是未来导向型和现在享乐型的融合，再加上合理分量的过去积极时间观。如果你脑海里充斥的都是过去消极或者现在宿命的时间观，你可能会想分析它们对你的感情生活产生了何种影响，想要了解怎样破除这些时间观带来的阻碍，以及怎样避开有这些时间观的潜在伴侣。如果你不知道自己想要怎样的关系，最快捷的方式就是寻找那些和你有相同的时间观，或者时间观复合类型一致的人。

要摆脱两性关系中的过去消极和现在宿命的时间观模式，你需要更深入地探索造成这些负面联想的根源。是因为儿时受过伤害，还是因为缺乏榜样？是因为目睹或参与过这种破坏性关系，还是其他的一些原因呢？找一位你信赖的朋友和治疗师，与他好好谈谈这些事。找出问题的诱因，找到那些不愉快的经历，以及不利境地中的相似之处，培养自己对问题发生的洞察，这样你就可以在头脑冷静的情况下做好应对准备。

要达到最佳效果，需要多花时间反思自己的时间观，并思考由此带来的一些问题。你对答案探寻得越深，你对时间观以及在亲密关系中的改变就越大。

如何让性生活更美好？关注积极的方面

你如果总是回顾过去消极的性经历，那么应该有意识地提醒自己这些已成为过去式。让自己往前走，开始创造全新积极的性体验。如果你总是不节制地追求当下的寻欢作乐，你就应该严格地约束自己，在每次进行性行为前三思而后行。如果你对未来的性生活过于担忧，甚至到了担心自己表现的程度，那么你应该学会深呼吸，让自己放松下来。告诉自己"下次"要充分享受性生活带来的愉悦。

不管怎样，时间观会影响你对事情的规划排序，对性生活也不例外。如果我们对性生活不甚满意，时间观就会阻碍我们获得更愉悦的体验。我们每个人会根据自己的方式，自动且无意识地把所有的经历划分在不同的时间区域。正如第 1 章所阐述的那样，最明显的三大时间分区是过去、现在、未来，每个大分区细分之后又可以得到：过去积极和过去消极、现在享乐和现在宿命、未来（目标导向）和超越未来。我们的时间观包含所有这些方面，只是程度可能不同，对各个方面的日常使用程度决定了我们时间观的分类。

时刻关注对各方面的调节，从而平衡时间观，这是至关重要的。当某部分的时间观占据了主要基调，以一种不平衡的方式压制其他部分的时间观时，我们的生活就可能产生问题。而这种不平衡对我们行为最大的影响就在性生活方面。

男人、性生活和他们的时间观

20 世纪四五十年代，少年菲尔居住在布朗克斯区。那时，独行侠（Lone Ranger）是菲尔心目中的英雄。独行侠在和邪恶势力作战时总是果敢、敏捷、冷静。但他喜欢独来独往，即便在有伙伴同行［同样沉默的美国土著唐托（Tonto）］之后也是如此。独行侠从不愿意接受所助之人的感激及礼物，他总是伴随着他的小白马的主题曲《走吧，小银》（Hi Ho Silver）扬鞭离去，消失在黑夜里。后来，菲尔又开始崇拜约翰·韦恩（John Wayne）在电影里塑造的硬汉形象——强大到无所畏惧、头脑冷静、无欲无求，简直是那个时代男人的典范。（顺便说一句，尽管约翰·韦恩扮演过第二次世界大战中的英雄人物，但是他实际上逃过兵役。）那时候，不只是菲尔把他们当作"真正的男人"，正如他所提到的那样："那是我们整代人的想法，但可怕的是就连下一代也这么认为。"

孩子，做个男子汉

20 世纪 70 年代之前出生的男性从小就被灌输"成为男子汉"的想法。他们本能地知道其中的意味：不向人求助，自己解决问题，咬紧牙关，不废话，永不承认失败，甚至不寻求指点。还有，情绪和眼泪是女性的专属。哭哭啼啼不是男子汉所为，甚至还可能被误认为同性恋。他们学会把情绪藏得严严实实，直到这些情绪以恼怒的方式不可抑制地宣泄出来。这些男人就像大力神阿特拉斯（Atlas）一样，一个人把世界扛在了肩上。因为无法或不能向他人透露自己真实的想法或者让别人分摊自己身上的担子减轻重负，他们最终都会承受巨大的压力。

"大男子主义"之过

菲尔的想法见下述内容。

"我们男性通常会用工作麻醉自己，暴饮暴食，吸烟成瘾；现在我们还会躲进技术世界，在那里不停上网冲浪，假装和'朋友们'还有往来。我们男性饱受高血压、心脏病的折磨，平均寿命比女性短七年。'独行侠'的传统下的社交隔离充斥着男性群体，进而摧毁了我们的身体，乃至身心健康。大部分男性周围没有真正依靠，或在必要时刻提供安慰的朋友。一半已婚男性因为婚姻出现问题，最终以离婚收场，其中一些在离婚后一直独居，靠着无聊的工作维生，过着毫无意义的生活。"

"生活失常、不如意以及被压抑带来的沮丧感会带来毁灭性的后果，杀人、强奸、虐待、殴打等居高不下的统计数据就说明了这点。在 2012 年 12 月桑迪胡克小学的枪击案后发生的美国上千起大规模枪击案中，有 97% 都是男性所为，这些男性枪击者都自觉被抛弃或被社会排斥。男性老兵的自杀率也逐年增加，从几年前的每年一百名上下，增加至如今的每分钟 22 名，也就是每年超过 8000 名男性老兵自杀！这个数据着实令人悲痛。"

"比这种情况更糟糕的是，我们还把这些错误的观点传递给了下一代，也就是婴儿潮时期诞生的那一代，或者说'特权一代'。但是，在他们开始教育自己的下一代，也就是'千禧一代'时，他们选择完全抛弃这些过时的教条，并对此有不同的解读——他们让儿子自己决定成为什么样的人。这最终造就了'失落的一代'。"在下面的三个部分中还会仔细讨论菲尔的看法。

是时候改变我们思考的方式了

如今，男性继承的不再是一个"男人的世界"。面对第二次世界大战后男女性传统角色的根本转变，我们必须努力寻找出路。成长也许很痛苦，但停留在固有的角色模式中只会让我们再度陷入那些不真实、不健康、让人不甚满意的行为枷锁，这对男性和女性来说都不是什么好事。为了摆脱虚荣心的重压，以及对男子气概的不切实际的期待，我们选择了逃避许多责任，同时放弃了很多事实上值得守护的东西。在我们还无法辨别的以往的错误观念中，哪些应该被抛弃，哪些又应该被保留？我们还没有真正理解男子气概，更不用说宣扬它了。

我们需要重新定义男人的担当。我们必须找到让男女共享领导权与收益，同时共担责任的一种方式。男性和女性不仅应该在亲密的两性关系中分享工作、分享财富，在任何公开场合都应该获得同等的地位。是时候停止自我分裂，感受完整人格的魅力了。让我们与那些两性间的战争做个了断，只有这样我们才能知道一个男人的真正意义。

男性的没落

如今，太多年轻男性在学业、社会关系，乃至性生活上都遭遇失意。他们在学校各方面的表现都不如人意：辍学的数据大到惊人，无法得体地和女性交流并成为朋友，甚至不能在浪漫（两性）关系中收获满足感。在我们近来开展的一个大规模调查中，许多人都觉得生活毫无意义，缺乏目标、个人认同感及自我价值感。他们感到在学校无法和女性抗衡，因为女性总是不断努力提高成绩。

男性没落的一个原因是父亲没有树立好奋发向上的榜样——40%的男性生活在父亲"缺席"的家庭，部分是因为父母离异，但更多是因为父亲常年忙于工作。在所有的工业化国家中，美国家庭中父亲缺位的情况最严重！那么，那些不愿上学和社交的男孩都在干什么呢？他们躲进了技术世界，沉迷于让人上瘾的视频游戏。

是时候和人沟通了

我们可以采取一些措施帮助这些男孩和年轻的男性。这个年纪正是摒弃关于男女性的旧有观点的绝佳时机。是时候不去区分男人女人，而只关注"人"本身了。"人"必然会有不知所措、精神紧张、压力大的时候，在经济困难的时期尤为如此。学会抒发情绪、表达感受才是健康的方式，也是迈出解决问题的重要一步。男人应该向女人学习，腾出时间陪家人朋友，并且花时间为儿女树立积极的榜样。

女性、性生活和她们的时间观

关于女性的这部分我们将用另一种方式来呈现。罗丝○采访了 4 位不同年龄阶段的女性，了解性对她们生活的意义。这些女性都很愿意分享自己的性经验，希望能对相关读者有所启发。在这个过程中，我们深入了解了她们的时间观，同时洞悉了男女平等在社会中的发展程

○ "罗丝"是本书作者"罗斯玛丽"的昵称。——译者注

度，以及我们离真正的平等还有多远的距离。

　　受访女性年龄跨度为 17 岁到 89 岁，但案例呈现的先后顺序与年龄无关。四位受访者中有两位是我们的来访者，另外两位是愿意分享经历的热心人士。具体顺序如下：年龄最小的案例（来访者），年龄最大的案例（非来访者），一位年轻女性的案例（来访者），最后是一位中年妇女的案例（非来访者）。书中所有案例均在受访者知情且同意的情况下使用，案例中所用到的名字均为化名。我们不会披露来访者的具体治疗情况，因为我们的重点是分享她们的观点，而非治疗方案。

年轻人和其他人（现在享乐）

　　杰姬是一名 17 岁的高中生，平均学分绩点 4.0。两年前，杰姬认识了一个年纪比她大的男朋友（我们就叫他"BF"）。

　　"我跟 BF 上旅馆已经有一段时间了。他非常性感，所有人都想和他待在一起。他有很多很漂亮的前任，年龄比我大，甚至比他还大，但他选了我，让我受宠若惊……第二次约会的时候我们就发生了关系。我担心如果我不答应就会失去他……第一次的体验还不错……但和我在浪漫小说上看到的完全不一样。当时我身边有许多朋友也正经历同样的事，我想我也能克服……他告诉我他和大部分女朋友都是第一次约会就发生关系。"当我们问她是否采取了保护措施时，她说："前几个星期没有，他不喜欢用那些东西，我们进行得很快……我去了免费诊所，吃了一些避孕药。"糟糕的是，她还得接受衣原体感染的治疗。

　　原本杰姬所接受的创伤治疗和性生活毫无关系，但在治疗中她总是会提起这个话题。自从她开始和 BF 约会后，便不再和闺密来往了。"我总想和他待在一起，连朋友都不想见。我不喜欢看到他和我的朋友调情，所以我和他的朋友玩到了一起。"

BF 和杰姬交往时正上大四。他有一份稳定的工作，是一名汽车维修师。杰姬在学业上非常出色，那时，如果有人问她有关上大学的计划，她就会说："我不想离家上大学。我不想离开他。"当我们问她对 BF 的感情是不是爱时，杰姬歪了一下头，眼睛往下瞟，回复说："我想我爱过他……后来我发现，他总会趁我回学校时和之前的女朋友寻欢作乐。我们大吵了一架，跟对方说分手，但当天晚上又复合了。趁他不注意的时候，我翻看了他的手机，原来他一直在和那个人发信息。我什么也没提，因为我不想失去他。"

像杰姬一样的现在享乐者总是活在当下，而不会去考虑未来的事情。对杰姬来说，性是她达成目的的手段。她成功追到了一直追求的男生，并且为了留住他不断在自己生活中做出让步。在这个过程中，她不惜放低自己的自尊，勉强自己做一些事情，还不惜打乱未来的计划。但是严格来说，BF 的未来计划里显然没有杰姬，他只不过把杰姬当作每日放松身心的工具而已。

银狐（过去消极或过去积极）

玛丽 89 岁的时候还和一个男人发生了性关系，我们将称他为"那个男人"（这也是玛丽对他的称呼）。他们的婚姻持续了 65 年，直到那个男人最近过世。玛丽在她现在居住的老年公寓里接受了罗丝的采访。"年轻的时候我和很多人约会过，但好女孩总会守住某个底线，不会去逾越。你知道我的意思吧？我约会的对象都是现役士兵。那时是第二次世界大战时期，我觉得和他们约会比较安全，因为他们总是外出，而那时我还不想结婚。我想追求事业！我当时 22 岁，年龄有点大，朋友们总说我是个老姑婆。她们大多都结婚有小孩了。但我爱上了一名军人，最终嫁给了他。"

罗丝问了玛丽一些关于性生活的问题，对她坦率热切的回应非常惊讶。"闺密们给了我这些性感睡衣和连体衣！我怕得要死，好在那个男人很温柔。我真的很享受性生活！太有趣了！几个月之后我就怀孕了，那时性生活变得不再那么有趣。我们都来自天主教家庭，从未使用过安全期避孕法或者其他的保护措施。那些年你只要怀孕了，就必须接受这件事，你就得生孩子，别无选择。当我生完孩子刚恢复过来时，我们就又开始了。因此，我一次又一次地怀孕。我生了八个孩子，生完最后一个孩子后，我对于性生活已经厌烦了。那时我快 40 岁了，我觉得这个孩子是我生活的转折点，我需要做出改变。够了就是够了。性生活虽然很有趣，但我不想像其他朋友一样要照顾十几个孩子。"

罗丝问玛丽，她在 40 岁的时候放弃性生活的决定对她和那个男人的关系产生了什么样的影响，以及她是否怀念过去的性生活。"当然不！他出轨了！我怀着每个孩子的时候他都出去找女人，只有我跟他摊牌，他才会消停！我知道他出去喝酒作乐，闺密也告诉我眼见他身边的女人换了一个又一个。但我们不会离婚，天主教徒的身份不允许我们做这件事。那是不可能的事。"

罗丝问玛丽，对她自己有什么影响，玛丽回答道："我对性生活有所留念，但我也知道那已经是过去式了——对于性我有愉快的回忆，也有不愉快的回忆。"罗丝接着问玛丽，有没有不愉快的方面，玛丽回答道："那个男人和其他女人在一起，这让我心里很难受，现在想起来我还是很痛苦。"罗丝又问玛丽，有没有愉快的方面，玛丽回答道："我们曾经有过愉快的时光！我努力让自己多去回忆这些美好。"在采访快结束的时候，玛丽说道："我希望自己能晚点出生，如果在 20 世纪 70 年代正值青春年华就好了。我希望自己可以有其他选择，但我没有。

现在的年轻小姑娘通常都意识不到自己拥有的自由。"

在谈及性生活的时候，玛丽既有过去消极也有过去积极的时间观，但为了自己的心理健康着想，她有意识地让自己去想那些美好的时光，而不是那些不好的时光。

持久的性生活（未来导向型）

想象一下你是一名朝气蓬勃、智商过人、事业有成的律师，你的丈夫是一名医生。你每周工作 50～60 小时，但下班后还是坚持跑步健身，每周去健身房三次，和朋友聚会，参加徒步运动，划皮划艇，参加沙滩日活动，以及和丈夫共进晚餐。对了，还有如胶似漆的夫妻生活。你和丈夫都是未来导向型，思考比较超前，并且计划在当下要个孩子——你们马上实施了。产后几个月，你重新回到工作岗位，不过工作时间已经有所缩减（每周 35 小时）。正当你和丈夫安定下来，慢慢适应当父母之后的新生活时，你发现自己又怀孕了。现在你有个刚学会走路的孩子，还有一个襁褓中的婴儿。刚才我们畅想的这些就是米歇尔生活的一部分。米歇尔因为其他问题来我们诊所寻求治疗，但在治疗中我们多次谈到她和丈夫的亲密关系，她也大方地同意和我们分享她关于性生活的观点。

"孩子出生前，我和加里的生活相当和谐美满。我们都有自己的职业，都热爱我们选择的事业。我们还是彼此最好的朋友，工作之余经常黏在一起。我们都相当有活力，喜欢户外活动或者一起锻炼。我们的社交生活很丰富。我们把身体接触，尤其是把性接触，当作维持亲密关系的重要方式。我们既有专门的约会夜，也会让这件事随性发生。从某种程度上来说，性对我们而言是最有趣的共同运动方式。"

罗丝问米歇尔生孩子对她的性生活造成了何种影响。"嗯，孩子当然改变了我的生活。但我和加里事先研究了孩子会带来的影响——我们和父母的关系很亲密，所以向他们请教了这个问题。我们也和有孩子的朋友谈论了这个问题。我们计划要孩子并做好了准备。在我产后身体恢复后，我们便重新开始性生活。过了一段时间，我才恢复到最佳状态；那段时间我的激素水平一直不稳定，我们大部分时间都相当疲惫。但我们还是重启了约会夜，一切都还不错。因此，几个月之后我又怀孕了。"

米歇尔既要照顾刚学走路的孩子和襁褓中的婴儿，又要面对疲惫的丈夫，还要兼顾工作，罗丝询问米歇尔平衡这些的方法，以及是否还有时间和加里过夫妻生活，米歇尔说："嗯，我努力了很久才成为律师。我爱这份工作，所以我回去上班了。我和加里非常幸运，因为我们和父母的关系很不错。我们的父母都退休了，并且在我们家附近定居。他们对孙子的到来都格外开心。他们负责照顾孩子，我们真的特别感恩。"至于性生活，米歇尔说："现在，我每晚要起床两次给小孩喂奶，工作中要忙里偷闲挤好母乳，还要照看正在学走路的孩子，这让我一直筋疲力尽。我们无法像以前一样，组织特定的约会夜，频率也不可能维持一周至少两次或更多。我非常怀念那段时光，但我和加里都明白那已经成为过去式。现在我和加里保持每周一次。我们知道即便都有自己的责任要完成，但保持身体接触，以及维持健康的性关系对我们来说还是很重要的。我们在商量过段时间恢复约会夜。我真的特别期待。我们都知道现状是会改变的……我们想尽可能多陪孩子，但也不能为了等他们长大再拖个几年！"

米歇尔和她选择的另一半都具有未来导向型的思维。过去积极的性体验让他们坦然面对当前经历的艰难时光。他们知道过不了多久，就又可以像以前一样重新保持身体的亲密接触，但在此时此刻，他们也依然保持积极主动的性生活，保持着强烈的身体联系。更重要的是，他们保持着浪漫的关系，这让他们的心紧紧交织在一起。

最好的时间观（选择性的现在享乐）

本章结束前，我们再来看一个长期性关系的绝佳典范。艾尔莎是罗丝一直以来都很羡慕的一位朋友，几十年来一直和丈夫乔治保持夫妻生活。这在任何长期的关系中都不是易事，况且他们还有一个身患重度残疾的儿子需要全天候的照料，以及一摊小生意需要艰辛地维持。最近在一次社交聚会上，罗丝看到了艾尔莎和乔治在公众场合不加掩饰地表达爱意，于是把艾尔莎拉到了一边，请她分享一下秘诀。

"我和丈夫在一起已经二十多年了。现在经济状况不好，为了维持生意运转我们已经忙得焦头烂额了，而且我们还打算再经营一摊新生意。当然还有孩子……但乔治和我都会优先考虑安排两人的亲密时间，过一段只属于我们两个人的时光。"

相互尊重也许是艾尔莎和乔治的关系里最重要的部分。"我们的夫妻生活非常健康，性对我来说是一种越来越美好的体验。乔治也总说和我有一样的感受，这份互相欣赏让他看起来如此性感！这些年来我看着乔治处理各种生活问题时的姿态——从容不迫、不卑不亢、自尊自信，以及不失风趣幽默。我感到自己对他的渴望越来越强烈，这种欲望是永无止境的。"

当我们问及更年期是否会对夫妻生活产生影响时，艾尔莎说道："我今年50岁。当我进入更年期时，有朋友告诉我，我将会停止来经而且不会再想过性生活。这些话确实让我感到焦虑。我真希望自己从来没听过这些建议，因为那只是她们的经历，而不是我自己的。"

艾尔莎和乔治的选择性现在享乐看起来完全是自发的，但他们总会先确认孩子有人照料之后再安排二人世界。这段关系对他们来讲都很重要，为了确保对方了解这点，他们会尊重彼此、表达爱意，同时不断强化彼此的联系。

康复效果很不错

性经历也许是我们所知的最深刻的经历之一。性是生命通往世间的桥梁，它让两个人紧紧相连，它是你所经历的最美妙的体验，它既能给你精神的提振，又能给你身体的愉悦。我们生活在一个令人兴奋的时代。在经历了挣扎、战斗、反抗和怨恨之后，我们开始看到希望的曙光。不管是女人还是男人，我们对生活的目标是一致的。我们想要获得成就感和满足感；我们想要过得健康喜乐；我们希望播撒爱，也渴望得到爱；我们想要和相伴此生的伴侣分享伟大的性的愉悦。我们想要的并不过分……如果我们有意愿而且也有能力，那么我们都能够享受到这种奇妙、神秘的体验。积极地塑造时间观可以帮助你解放思想，并且完全释放你的潜能，使你能够获得最佳的性体验。

CHAPTER 6
第6章

育儿方式与时间观

在撰写本章之前，我们采访了许多对父母，有一些父母的孩子还只是婴儿，有的孩子已经成年，有的已经有了孙子，还有一对已经有曾孙。采访结果显示，并非所有父母都能时刻陪在孩子身边，有些父母出于各种原因在孩子成长时缺位。原本我们撰写这章单纯是为了"致敬父母"，但随着采访的逐步深入，我们发现其中有更多复杂的问题值得探讨。在我们看来，把这些发现（不管是正面的还是负面的）分享出来非常有意义。接下来，让我们一起换个角度来看看世界上最重要的这群人，一起来探讨他们的陪伴或者缺席是如何影响亲子关系中的双方的。

无条件的爱

采访中，几位不同年龄段的父母不约而同地告诉我们，他们对自己能这么无微不至地关爱孩子感到很惊讶。一位年轻的父亲说道: "我从未想过我会像爱妻子那样去爱另一个人。但自从孩子出生之后, 我深深地爱上了他! 我以前从未这么爱过一个人。" 还有一位受访者是三个孩子的母亲, 她最小的孩子 10 岁, 最大的孩子 15 岁。她说: "我非常爱第一个孩子, 当我发现自己怀了第二个时, 我很担心无法给孩子们足够的爱。但第二个孩子出生后, 我同样深深地爱着她, 后来的第三个孩子也是这样。" 这些父母所说的正是无条件的爱——毫无保留的喜欢以及保护并养育后代的强烈愿望。

当我们给予孩子无条件的爱, 并且有幸能以一种无微不至且健康的方式培育他们时, 我们就为孩子铺好了均衡发展的道路, 让他们有能力去面对生活中的各种困难。但如果我们自己有各种烦恼呢? 这些会遗传给孩子吗? 很不幸, 答案也是肯定的!

育儿焦虑

除了倾尽一切疼爱孩子之外, 许多父母会因为孩子的到来变得极为焦虑, 尤其是那些新手父母, 或者只有一个孩子的父母。其实, 父母有一定的担忧是正常的, 比如担心孩子会生病, 担心孩子的身体或者内心会受伤害, 甚至担心孩子会意外死亡。但是这些担心很有可能演变成我们所说的"育儿焦虑", 给父母子女, 乃至其他家庭成员都造成不良影响。父母患有中度或者重度焦虑, 无意间把焦虑传递给孩子的情况并不少见。父母的焦虑对孩子的影响可能包括患上进食障碍,萌发自恋倾向，变得脾气暴躁、社交退缩、自我孤立，强烈渴望脱离家庭（或者说远离父母，或父母中的某一方）。

现代压力源

现代父母面临的很多抉择是以往的父母完全无须考虑的，那些曾经约定俗成的大多数问题如今都涉及令人畏惧的决策过程，考验着父母的心灵默契。从出生（自然分娩还是药物辅助？）到护理（母乳喂养还是奶粉喂养？要不要割包皮？要不要接种疫苗？）再到上学（上私立学校？上公立学校？还是在家接受教育？），难题似乎一个接一个。那些关键的选择需要我们深思熟虑、仔细研究，通常还需要自我反省。

"我做了个噩梦……"

"我梦到丈夫和小孩被挂在悬崖边上。我只能救其中一个，而我选择了救孩子。当我伸手要去拉孩子时，丈夫开口说道'我怎么办呢'，我哭着对他说抱歉。他看起来非常绝望。"这位母亲因为发现自己潜意识里爱孩子胜过爱丈夫感到有些焦虑。

在进一步探讨这个问题时，她告诉我们她在梦里快速分析了当时的情况，意识到自己根本不够力气把体积比她庞大的丈夫从悬崖边上拉上来，但可以轻而易举地把孩子拉上来。在生活中，她发现自从孩子出生后，丈夫变得更黏人，因此她经常来回应付丈夫和孩子的需求。她承认关于孩子的事情她总是想亲力亲为，如果把孩子的事情交代给丈夫，她总会以"没按她的方式"为由抱怨丈夫的做法不合适。比如说，她的丈夫在给孩子穿衣服时不注重色彩搭配，让她十分抓狂。

我们认为她的做法其实剥夺了丈夫和孩子建立关系的机会，以及学习教育技巧的机会。让丈夫参与照顾孩子，同时稍微降低对他的期待，这样才能让彼此的生活充实起来。即使孩子穿的是法兰绒衬衫配条纹裤又怎样呢？我们还探讨了约会的重要性（至少一个月一次，能再频繁一点就更好了），约会可以帮助他们使亲密关系回温，并向丈夫表明他仍然在她生命中占据着最重要的位置。

由于思想观念不同，父母常常处于不同的"阵营"，各执己见，忠于自己的信仰，坚守截然不同的观点。父母在孩子睡觉这件事情上的分歧就是一个佐证。有些父母坚持"陪睡"（允许孩子到父母床上睡），这种做法看似温馨，实则充满争议。另外有些父母则认为"睡眠训练"（让孩子哭完自己去睡，让他们学会自我安慰）看似狠心，实则对孩子更有益处。对于在公共场合给孩子哺乳，以及体罚孩子的行为，网上也充满了各种焦虑、愤怒的声音，讨论着这些行为的利弊，以及父母的权利、约束和责任。给孩子讲故事、陪孩子阅读的积极作用是毋庸置疑的，但关于是否让孩子接触多媒体设备及使用技术的话题却还有诸多争论。此外，对许多父母来说，每年寒假他们总要讨论是否应该把圣诞老人的故事告诉孩子。

你如果正为这些事情感到忧心忡忡，那么应该学会努力让自己镇定下来，别被父母所要做的这诸多决定吓倒。我们明白：说着容易做着难！但本书的几位作者也是过来人，我们加起来一共有 7 个孩子。相信我们，你会顺利克服这一切的。另外，网上有大量的书籍和丰富的资讯，能够帮助你和孩子衡量在各个阶段出现的情况和感受。你还可以向你所信任的那些经验丰富、判断能力强的人请教，听取他们的见解和判断。多阅读，多讨论，多提问，相信自己的直觉，听从自己的内心，冥想。

不管现代生活多么纷繁复杂，请记住生儿育女是人类最自然的本能之一。我们应该一步一个脚印，从维护孩子的最大利益出发，做出最明智、最真诚的决定。没有谁的育儿方式是完美无缺的，但只要你能给孩子安全感，让他们知道有人深爱着他们，你就已经为他们的美好生活奠定了坚实的基础。

规　矩

尽管有些父母很怀念过去简单粗暴的教育方式，但我们必须承认现在社会总体上倾向于以一种仁慈、温和的方式教育孩子。"小孩应该多听话，少出声""不打不成材"这种严厉的教育方式已经成为过去式。美国有保护童工的法案，同时多数州明文规定青少年的学校教育应该至少持续到 16 周岁。尽管如此，社会关于虐童的态度和责任也是在过去几十年才有大幅转变的。在不久前，是否针对疑似的虐童行为采取措施仅限个人选择，但在今天看来，关注儿童福祉不仅仅是所有成年人（特别是那些专业人士）的责任，也是包括美国在内的多国法律的共同要求。基于这些法律，如果我们对虐童行为不闻不问，便是失责和违法。

　　当然，多数人都会同意虐待儿童在文明社会是不可容忍的行为，但在父母是否有权使用一些"规矩"教育孩子这个问题上，我们又有所迟疑。如果让不同的人群定义"规矩"这个词，大概会得到五花八门的定义。

　　《韦氏词典》将"规矩"简单定义为通过要求他人遵守规则或秩序，以及惩罚不良行为来获得对他人的控制；表现出愿意遵守规则或秩序的行为；根据遵守一系列规则或秩序的程度来判断的行为。

　　尽管"规矩"一般作为名词，但许多人也把它当作动词用。规矩通常和惩罚相关联，尤其是体罚。许多父母不喜欢别人干预他们体罚孩子，但他们已经不认为老师有体罚孩子的特权了。时代在慢慢改变，而且总体上是往好的方面；然而，忽视和虐待儿童的问题还远远不是过去式。当今世界仍然有许多暴力的魔爪在伸向儿童。

体罚是习得性行为

　　有权威人士在很早之前就说过，所谓惩罚孩子的理由都不过是借口。著名儿科医生和育儿专家 T. 贝里·布雷泽尔顿（T. Berry Brazelton）博士也告诉我们教育孩子不应该诉诸暴力，但他说我们确实在某些时刻会不由自主地这么做。当你看到那些当哥哥姐姐的孩子推倒或者欺负弟弟妹妹时，你会非常生气并且本能地想要揍他们。但理智告诉我们，我们是无法用暴力的方法教会小孩不要用暴力对待他人的。

　　实际上，大部分父母在动手打孩子时考虑的并不是让他们记住教训，而是想发泄自己的愤怒和沮丧，这才是赤裸裸的真相。那么，是哪些因素导致了这种行为的发生呢？你可能会觉得不可思议，但虐待行为通常是有家族"遗传"的，小时候遭受过虐待的人通常在长大后会虐待自己的小孩。出于各种原因，这些虐待行为会代代相传，除非某个有胆量、有才干、有毅力的人站出来打破这个传承链条，拯救自己。几年前，一档电视公益节目用一种出人意料的方式披露了这个问题。节目镜头呈现了一间装修风格为典雅复古的卧室，摄影机从上方扫过古董梳妆台，梳妆台上放着一只金表，一系列古董纪念品和黑白家庭照片。镜头里呈现的都是那些代代相传，富有价值和意义的物件。念旁白的是一名男性，他仔细讲解着某样东西如何从祖父传给父亲，再如何由父亲传给他，但他明确提出自己不会把这样东西传给下一代。他说到这里的时候，镜头转向了一条放在床上的皮带。从他坚定的声音中我们知道，他将会是打破链条的那个人。

不管我们怎么想，模仿就是我们首要的学习方式，对我们的影响最深远。生活给了我们许许多多模仿的素材。然而，我们不应该让过去那些消极的思想左右自己当前的行动，也不该把这些负面的"遗产"留给子孙后代。我们有时确实会感到不知所措，而且老实说，孩子在激怒大人方面有着独一无二的天分。可是，如果这种失控的感觉使我们怪罪并攻击那些本来指望我们提供庇护的人，我们就必须先解决好自己的问题。仔细想想，那些四处撒野的学步儿童或者叛逆的青少年可能只是你发泄内心混乱的出口而已。

缺乏规矩的问题

毫无规矩也会带来问题。正如我们在下文中将谈到的那样，职场父母通常觉得陪伴孩子的时间少（见下文的"宝贵时光"），他们不喜欢有任何不和谐、不愉快的事情来浪费这些时间。他们会避免扮演"坏人"的角色，也不想逼迫孩子做他们不想做的事情，例如吃蔬菜、刷牙、睡觉或者不要大喊大叫。他们会尽可能避免和孩子起冲突，或者给孩子立规矩。当一位母亲因为还没上学的小不点早上只愿意吃甜甜圈而气愤到耸肩时，人们不禁疑惑到底是谁掌控了局面。她是怎么完全失控的呢？去购物买东西的是谁？买这些东西的钱又是谁挣的？事事顺从孩子不仅会让家里陷入混乱，而且最终对孩子来说也不是一件好事。除了在家里，其他地方并不会容忍孩子的这种行为，他们可能会在其他地方被狠狠地教训。对一个孩子来说，从能在家里当"小霸王"，到上学之后摆正自己的位置，该是多么令他困惑和沮丧呀。

真正的关爱和宠爱，即使再多，也不会宠坏孩子。然而，有些父母认为自己在孩子身上花的心思不够，为了减轻自己的负罪感，父母会选择用金钱和物质补偿孩子，而这种做法其实是错误的。金钱并不能换来孩子的爱。但有些无法获得孩子尊重和喜爱的父母没有认识到这点，他们总是哀叹"我可是把一切都给了他们啊"。当然，我们希望把最好的给孩子，但屈服于孩子天马行空的想象，以及迎合他们每个要求并不能赢得他们的尊重，而且也并不能帮助他们做好应对现实世界的准备。我们应该为孩子提供一种良好的养育，让他们能茁壮成长，在生活中找到满足感。直接把钱扔给他们只会起到反作用。

界　限

不管孩子起初对建立边界有多抵抗，他们实际上还是需要这些条条框框所带来的安全感。他们需要一种秩序感，需要了解他人对自己的期待，这能让他们更放松。即使在一群狗中，也需要有"首领"来团结整个群体，确保群体的生存。孩子也指望你能为他们带来稳定。你可以保持和蔼温和，同时掌控一切。深呼吸，尽力保持冷静，并尽可能保持稳定的行为作风、日常作息。孩子需要从我们这里获得的是关爱、指导、富足感，以及一些坚定的核心价值。这些都将成为他们人生路上的指路明灯。

正如上文所谈及的那样，当下的这些父母在成长的过程中可能没有体验过优秀的养育方式。如果父亲不在身边，而母亲又经常让孩子自食其力，那么孩子就基本没有与人合作的机会。孩子不是生来就会应对一切的。如果你感觉迷茫，我们中心的许多项目以及育儿课程或许可以提供帮助。这些课程价格通常非常实惠，有些还是免费的，它们旨在帮助来访者增强沟通，治疗心灵创伤，传授应对技巧及育儿技巧。那些希望提升自己养育方式的父母可以通过组织或者专业咨询等多条途径寻求帮助。有的时候，你需要的可能只是和人交谈，此时，一个珍贵的密友、信任的朋友或者亲戚都能提供帮助。作为父母，我们都希望孩子能过上更好的生活，不管我们感觉情况多么糟糕和失控，我们都有办法扭转局势。

职场妈妈

曾经，当妈妈是一项全职工作。照顾孩子，打理家务是家庭主妇义不容辞的责任。如今，全职妈妈已经少之又少。

⏳ 在有孩子的妇女中，71.3% 有自己的工作。

⏳ 1975 年，孩子在六岁以下的母亲中，仅 40% 有带薪工作。截至 2010 年，孩子在六岁以下的母亲中，64.2% 有自己的工作；孩子在三岁以下的母亲中，61.6% 有自己的工作。

⏳ 1970 年至 1990 年，美国单亲家庭的数量增加了一倍，极大促进了儿童看护的需求。

⏳ 许多妇女在生完孩子后便迅速回归职场。2010 年，孩子在一岁以下的母亲的工作率为 56.5%。

如果有能干且富有同理心的人每天承担照顾孩子的大部分任务，对母亲和孩子来说都是一种解放和解脱。如果没有，情况就令人揪心了。有一位年轻的母亲是我们的来访者，她解释道："我人生中最艰难的一天是为了回归我热爱的工作，把三个月的孩子交给别人照顾。一年后，当我发现自己怀了第二个孩子时，我立马辞去工作，卖掉当时的房子，在乡村买了一间相对朴素、面积小点的房子，这样我才能在家里当全职妈妈。碎肉取代了牛排，豆类和大米成为新的主食。但是我感觉很快乐。当孩子们都上学前班的时候，我很幸运地找到一份熟悉领域的相关工作，而且工作时间灵活。"我们希望每个职场妈妈都能有这样的机会！可惜的是，大部分妈妈都没有。我们该怎么办呢？下文的"宝贵时光"将会详细讨论这个内容。

职场爸爸

如今的父亲像他们的父辈一样工作繁忙，但他们陪伴小孩的时间是父辈的三倍，做家务的时间是父辈的两倍。职场和公司文化却没有跟上这种时代趋势，还是希望男性员工能全身心投入工作，甚至要求更多，完全不考虑他们也肩负抚养孩子的责任。

- 65% 的父亲认为自己既应该承担养家的责任，也应该分担照顾孩子的义务，但是只有 30% 的父亲称自己做到了和配偶分担育儿责任（尽管有 85% 的父亲说他们希望能这么做）。
- 50% 的职场爸爸认为平衡工作和家庭十分困难。
- 超过 2/3 的父亲称工作和家庭有冲突，在兼顾二者时感到压力重重，这一比例比职场妈妈大。

遇到这些重要的问题，尤其是工作和家庭难以平衡的问题时，爸爸应该和配偶沟通，跟领导同事沟通，更重要的可能还是和其他爸爸沟通。职场爸爸是一个群体，和其他的爸爸沟通能帮助你了解这种新趋势。如果职场爸爸能够获得更多支持，对父母、孩子、家庭、用人单位，乃至我们的文化都大有裨益。值得庆幸的是，政府部门和一些企业单位已经开始意识到职场爸爸和职场妈妈的价值。照顾孩子不只关乎女性，也不只关乎男性，关乎的是整个家庭。

寻求平衡

平衡家庭、工作、人际关系等各种纷繁复杂的事情是否可行难有定论，因为我们面临的现实情况是，大部分父母需要通过工作来养家糊口，因此会自然地把时间向工作倾斜。但我们还是有办法丰富家庭生活，我们可以通过设置优先级来辅助做决定和安排时间。首先，我们应该对事情有重要性排序。问问自己：我生命中最重要的事（人）是什么（谁）？然后一切以此行事。可能需要考虑的有（按字母顺序排列）：孩子（children）、重要他人（significant other）、精神生活（spiritual life）、工作（work）、自己（yourself）。如果你和配偶共同承担育儿的任务，那么你应该多花时间和对方探讨完成共同目标的最佳方式，以及探讨如何尊重彼此（作为配偶和个人）和孩子，这才是最有意义的事情。

宝贵时光

父母，尤其职场父母，总会不时责备自己无法陪在孩子身边。你可能会错过孩子学会走路的第一步；因为工作错过孩子学校的活动；忙于处理堆积了几周的家务活而没法陪孩子玩耍，没法给他们讲书里的故事，或者没法陪他们看最爱的节目。因此，内疚的情绪油然而生，你会问自己：当父母就是这个样子吗？干更多的活，承受更大的压力，感到更内疚？

老练的父母知道，只要孩子醒着，他们的需求就是无穷无尽的。要平衡这些需求和其他的事情（包括其他家人的和自己的需求）就像在参与一场劣质的真人秀节目。职场父母知道自己没有太多时间陪孩子，所以他们觉得和孩子在一起时应该提供高质量的陪伴。

大多数孩子在做自己觉得有趣的事情时都相当聚精会神，他们看待时间的方式和成人不同。10 到 15 分钟对孩子来说是一段漫长的时间。每天至少腾出两段时间陪孩子做他们喜欢的事情，共同做一些琐事（比如叠衣服、煮饭、洗澡）的时间不算在此范围内。不过共同做这些琐事也有益处，既可以多陪孩子，也可以教会他们一些自给自足的生活技能。此外，家庭聚餐的时间通常也有助于沟通和加强联系。不过，聚餐时最好先把那些电子设备放一边，不要在餐桌旁打电话、发短信、上网，或者用电子设备干其他事情……虽然这对父母和孩子来说都不容易做到，但应该每周至少有一晚得做这种尝试。另外还可以考虑重温一些传统方式，把晚餐时间作为家庭中的神圣时刻来对待，这样有助于让家人之间的联系更加紧密，让家人更加互相尊重。

随着孩子年岁渐长，他们对父母陪伴的需求也会越来越少。尽量不要让自己成为那个没有每天给孩子至少 20 分钟高质量陪伴的父母，并为此遗憾后悔。如果你觉得自己是这样的父母，那么应该想想怎么向孩子道歉，不然就可能要为孩子的心理治疗买单！

总之，高质量的时间，加上充沛的情感联系，孩子和父母的生活都会变得大不相同。

单亲家庭

最近，我们在有关母亲和育儿的专栏上收到了一条回复，回复者是一名有一个五岁儿子的单亲母亲，她表示自己不堪重负。她提到的在工作和育儿方面的焦虑和负罪感等问题也适用于单亲父亲。她的求助对我们触动很大，因此我们决定在此分享一下她的一些提问以及我们相应的回答。

提问和回答

提问：我应该怎样给每个孩子分配高质量陪伴时间？

回答：如果你只有一两个孩子，那么每天或者每周腾出时间陪伴孩子是较容易的。如果你有三个孩子或者更多，可以尝试以下方法。

⌛ 每次和几个孩子同时相处。

⌛ 错开时间，每天和不同的孩子相处。

⌛ 每周花几晚时间玩家庭游戏（不一定是桌游）。以下是一些建议：

1. 我是小间谍——说"我发现……"。

2. 故事接龙——第一个孩子设定场景和人物，第二个孩子负责给故事开头，以此类推进行故事接龙。所有孩子都发过言，或者故事有个结局后，游戏才算结束。

3. 俳句接龙——第一个孩子给俳句（诗歌）起头，第二个孩子顺着第一句说出下一句，以此类推，直到所有孩子都说出自己的句子。俳句不需要押韵，因此比诗歌接龙简单。也可以把接龙的结果记录下来，方便改天或者来年重新翻看，这会非常有趣。

4. 等孩子大一点之后，还可以尝试一下拼字游戏（Scrabble）、香蕉拼字（Bananagrams）、猜猜画画（Pictionary）、苹果派对（Apples to Apples）、卡坦岛（Settlers of Catan）等游戏。

⌛ 晚餐时间的互动使每个孩子都有机会谈谈自己的事情，或者他们感兴趣的事情。这听起来似乎是"废话"，但很多人根本不这么做！父母在这个时间讲讲自己遇到的难题，以及解决这些难题的做法也是不错的选择。向孩子征求自己应对这些压力的有益建议也是非常好的做法。

提问：我应该偏袒某个孩子吗？

回答：许多父母在有了第二个孩子后都会收到"不要偏袒其中一个孩子"的建议。这个建议暗含着两方面的信息：一方面，"偏袒"是育儿中固有的现象，一些孩子得到的比较多，另一些孩子则比较少；另一方面，偏袒对各方都是不利的。尽管大多数有一个以上孩子的父母声称自己不会偏袒某一方，但在和他们交谈之后，我们认为如果父母如果不是偷偷偏袒的话，就是在尽量克制自己不去这么做。

在一些文化中，某个性别的孩子要比另一个性别的孩子更受青睐。除了性别原因外，父母偏爱孩子还有其他诸多原因。例如，许多父母要么偏袒家里的老大，要么偏袒家里最小的孩子。或者父母会因为某个孩子有身体、情感、教育或精神方面的问题就"偏爱"他，或者情况正好相反，会因为这些原因"不喜欢"他。又或者孩子身上有某人（父母某方或者某个亲戚）的特点，因而被偏袒，或者招致不喜欢。又或者孩子有过人的特质（至少父母这么认为），比如智商高、富有同情心，或者有特殊才能。原因可以有很多很多。

所以，如果你确实私下更喜欢某个孩子，也无须自责，但是你应该把这份情感隐藏起来，并尽可能公平地对待所有孩子。

提问：我总是觉得时间很赶，每天的时间根本不够，我应该怎么做？

回答：你陈述的其实是压力和焦虑。压力意味着精神上（情感上）的紧张感，而焦虑则是对未来的恐惧。压力和焦虑既可能是暂时的，下个小时、明天、下周就会缓解；它们也可能是长期的，要持续几周到几年的时间。要改善这种情况，可以先深呼吸，待心情平静之后再确定当天的任务需求，以及孩子（家庭）需求的优先级排序。

有些事情是非做不可的，比如洗衣服、超市采购、准备三餐、打扫卫生，你可以把这些事情分配出去。把需要完成的家务罗列出来，并做好任务安排；把任务清单张贴在冰箱上。年纪小的孩子也可以学着帮忙做家务，而且他们通常渴望参与家务活（尽管有时教会他们比你自己做要更耗时更费精力，但长期来看，你的耐心教导最终肯定是值得的）。考虑孩子的年龄和体形，把任务缩减到他们的能力范围之内。尽量合理公平地分配任务。让他们从简单有趣的家务活开始干起，并建立一定的奖励机制，一以贯之。如果你能让孩子从小就接受这些，并且一直贯彻下去，这对他们的成长一定大有裨益。

维护家庭是所有家庭成员共有的责任，把这一价值观教给孩子有助于培养孩子的责任感和自给自足的能力。如果你打算等孩子大一点之后再实施这套方法，那将是一个巨大的挑战。可以考虑与他们签订"书面合同"，让他们参与条款的制定。他们遵守规定就能获得奖励吗？如果他们不遵守会有什么后果呢？是给他们固定的"津贴"，还是在他们履行协定之后再给予金钱奖励？如果孩子也参与到这个决策过程中，那么这些规定更容易实施和维护。

过度操心的父母存在的一个最大误解就是把自己当成了圣人。事实上，只有当你花时间教孩子做家务，让他们参与其中时，他们才能学会尊重和感激你所做的事情，不能指望他们自然而然就体会到这些。

这种最初的精力投资会带来巨大的回报，尤其是当你的孩子进入青春期时。你不需要表现得像个刻薄的监工，或者在他们需要做作业和参加课外活动时给他们添负担，但是让每个人都分担家务，最终将有助于减轻你的负担，缓解你的额外压力和罪恶感；同时还可以培养孩子团队合作、责任感和自力更生的无私品质。

我们通常有很高的自我要求，无法满足自身期待的感觉会蚕食我们维持积极心态的能力，降低生活品质。这个问题同样关乎优先级排序。也许在孩子出生前，家里就像一尘不染的橱柜一样干净，但在孩子出生后的前几年，维持家里的整洁便不是，也不应该是你首要考虑的事情。你应该意识到事情都有轻重缓急。而且，不是所有的事情都必须在今天完成，可以每次只完成一点。比如说，每天或者每两天洗一部分衣服，这比把衣服攒在周末集中洗要好得多（顺便说一句，孩子上初中后或许应该考虑让他们自己洗衣服）。相反地，做意面酱、炖肉或者汤时一次性煮两餐的量，把一半冻在冰箱用于下一餐，也是省时间的方法。选择一些便捷的方式不等于敷衍家里人。

提问：我担心他们在长大之后无法做出正确的决定，会碰到麻烦，我应该怎么做？

回答：答案和下面五种认知有关。

1. 孩子醒着的每分钟都在做决定（选择），从他们第一次自己决定翻身时，这就已经开始了。我们需要尊重他们的选择，但可以提出建议供他们参考。

2. 我们无法永远在身边支持他们。当孩子离开我们全天候的照顾，开始和其他人相处时，他们就有了完全属于自己的私人生活，那是我们可能不了解也不会发现的部分。这听起来很吓人，但这就是世界运行的方式。

3. 即使是最好的孩子有时候也会调皮捣蛋。

4. 你的养育方式（很可能是当时你能做到的最好的方式）造就了如今的孩子。清楚地表达出你对他们的自豪。对孩子有信心，相信你无微不至的养育，以及有益的指导已经为他们顺利度过人生打下了扎实的基础。

5. 有时候他们会把事情搞砸，作为父母，我们需要帮他们收拾残局。这是不可避免的。应该让孩子明白，他们的健康和幸福是我们最主要的关切。让他们了解，你永远是他们人生旅途中可以依赖的对象。

提问：我不想和前任的新配偶分享孩子，我应该怎么做？

回答：不想和前任的新配偶分享孩子并不奇怪。不公平的比较、评判、愤怒、憎恨和恐惧等各种情绪会涌上心头，逐渐被放大。而且在有些情况下，把孩子交给前任的另一半是不明智的选择，当然这只是个例。剥夺孩子和父母中的某一个相处的权利对那个父亲（母亲），或者孩子都不公平。

多花点时间来思考这些情感的根源：它们是基于确凿的事实，情感上的痛苦，还是有其他方面的原因？你应该认识到，除非你有完全的监护权，并且有对前任伴侣的限制令，或者正在申请上述的其中一项或者两项，否则你的孩子一定需要花时间和他相处。那么为什么不顺势而为呢？如果你在一定程度上需要和"那个人"共同养育孩子，你最好把痛苦的情感和虚荣心放到一边，和这个进入你的孩子生命中的新来的入驻者进行坦诚的沟通。这不是为了你自己，也不是为了前任，而是为了让孩子在两个家庭中都感到舒适自在。

当你有了独处的时间后，应该调整心态，让自己去享受这重新获得的自由时间。好好善待、奖励自己——不是通过洗衣服的方式！试着不去担心、憎恨或者思考：他们在干什么？他们在一起开心吗？他喜欢她胜过喜欢我吗？为什么我要一直工作，而他们可以一直玩耍？（顺便说一句，很多妈妈，甚至说大部分妈妈都有这样的想法，不管她们是和配偶一起带孩子，还是自己带孩子。）他们是否过得很糟？我好想他们！停止在自己的脑海里的各种遐想，把时间空出来做自己真正想做的事情！

提问：我害怕把焦虑传递给孩子，我应该怎么做？

回答：压力、焦虑和抑郁的程度会有所不同，但这些感觉和情感不可避免地会在人前显露出来。孩子对于父母的情绪和行为是极其敏感的。而且孩子通常以自我为中心，有些会不自觉地认为自己给其他人（包括成人，尤其是父母）造成了麻烦。不过也有一些孩子对此毫无觉察。

当你发现自己情绪不佳，尤其是这种状态已经持续了一段时间时，和孩子谈谈这个话题是个不错的选择。告诉他们你正在经历一段紧张的时刻，但在告诉他们什么细节或多少细节上要有所选择。最重要的是让孩子知道这并不是因为他们做错了什么。接下来，每天挤出时间来帮助自己应对压力和焦虑。和朋友聊天、冥想、做些简单的伸展练习、阅读、洗澡，等等，任何形式的放松都是有益的。还记得如何放松吗？

提问：我应该无条件地爱每一个孩子吗？

回答：答案显而易见——是的！每个孩子都是独一无二的，我们需要发现他们的美，接纳他们的差异。尽量珍惜和他们待在一起的时光。孩子成长的速度非常快，一眨眼他们就会离开你，自己生活了。

空巢综合征

每年秋天，因抑郁前来诊所的来访者数量会略有上升，而来访者更多是女性。他们有些了解自己情绪的起因，有些则混混沌沌。他们一般刚把家里最小的孩子或者独生子女送进大学，就感到一种失落、悲伤、空虚感，这被称为"空巢综合征"。所谓"综合征"，即①共同出现的一组迹象和症状，表现了某种特殊的异常或者状况；②一组同时发生的事情，如情绪或行为，通常具有一种可辨识的模式。在听完"空巢综合征"的解释后，这些孤零零的父母经常会问如下问题。如果我有空巢综合征，是不是我有什么问题？（不，空巢综合征是情境反应，非常正常。）我需要吃药吗？（不需要，除非情况失控。）我什么时候能好？（需要时间。）我能做些什么改善情况吗？（是的，试着从父母的角色中解放出来！）

什么是空巢综合征

空巢综合征指的是父母及看护人因孩子成年后离家而遭受的抑郁、难过，以及悲痛的感觉。这通常发生在孩子离家上大学，或者孩子结婚的时候。女性相比于男性更容易患上空巢综合征。通常情况下，当所有孩子都离家后，母亲也经历着生命中其他重要的事件，比如更年期或照顾年迈的父母。但这并不意味着父亲对空巢综合征完全免疫。

男性对孩子离家也可能产生相同的失落感。

如何应对

即便孩子不在家，父母也总是牵挂着他们。所幸有现代技术的支持，我们可以随时与孩子沟通——当然也要考虑好时差问题。当我们无法和孩子联系上时，还可以翻看存储在手机、电脑、照片集里的有关他们的一切，当然还有那些陈年的储物箱。

我们对生活中的一切都可以进行选择——尤其是可以选择如何面对他人和其他状况。因此，可以选择把"失去"或者"更少"变为"更多"：

- ⧗ 更少衣服要洗＝更多时间和精力
- ⧗ 更少东西要买＝更多时间和精力
- ⧗ 更少饭要做＝更多时间和精力
- ⧗ 更少事情可唠叨＝更多时间、精力及平和
- ⧗ 更少地方需要打扫＝更多时间和精力
- ⧗ 更少月支出（电、水、煤气）＝更多钱

事实上，对许多家庭来说，上述节省下来的花销（可能还远不止于此）可能最终都转移到交学费上了。但是，空出来的时间和精力是切切实实的，父母可以自由地做自己喜欢或者曾经打算做的事：

- ⧗ 重新布置房间——更改格局与整理。如果工作量巨大，那么可以一次只整理一间房（衣橱、柜子、抽屉）。
- ⧗ 重启约会——陪伴朋友以及家人，尤其是你的另一半。
- ⧗ 强身健体——遛狗、练瑜伽、游泳。

- 刺激大脑——每天花点时间训练大脑功能。填字游戏和数独是刺激老年人大脑的两种流行方式。
- 运营项目——开启或者完成一些你喜欢且能让你感到快乐的项目，试着运用你大脑中的艺术细胞。
- 仔细观察——尤其是要善于发现身边的美好事物。不管身处何方，我们身边都围绕着各种简单的美好，比如杂货店里的花朵或者水果的颜色和形状，坚果或松果的对称美，又或者他人脸上的微笑。
- 拥抱孤独——全身心投入地和自己相处。享受安宁，进行冥想。

空巢综合征的应对之道

妙佑医疗国际也提出了诸多针对空巢综合征的有益对策：

- 接受这个时间点。避免把孩子的时间和你的个人经历混为一谈。反之，应该专注于思考在孩子离家后，可以为他们的成功做点什么。

- 保持联系。即使和孩子不在一起住了，也可以和他们保持联系。坚持定期见面、打电话、发邮件或者视频聊天。（但需要注意选择合适的时间点，他们可能已有计划和安排。不要让他们的生活围着你转，也别让他们因为没有每天打电话、发邮件、发信息而感到内疚。）

- 寻求帮助。如果你正在和空巢综合征做斗争，你可以向你爱的人或其他关系亲近的人寻求帮助，说出自己的感受。如果你感觉抑郁，可以咨询医生或者心理健康专家。

> ● 保持积极态度。想想看，所有的孩子都离家后，你就有更多
> 时间和精力经营婚姻或者个人兴趣。这种态度可能会帮助你
> 应对这个重大的生活改变。

期盼更光明的未来

　　空巢综合征持续的时间远比我们想象的要短，这是因为我们不只有"父母"一个身份，我们的生活充满了各种各样的新机会。如果我们能妥善地抚养孩子，在不久的将来他们会重新回到家里，与我们分享他们所获得的知识，也许还会把他们的孩子带过来。所以说，让自己忙碌起来，展翅高飞吧！

无处不在的机会

　　不管我们处于人生的哪个阶段，都可以适时卸下负担，更积极地看待未来。不管年龄大小，不管有过多少悔恨或恐惧，我们都有机会减轻自己的负担，寻求内心的平和，直到生命的最后一刻。

　　我们不能让过去蚕食当下，也不能让它破坏光明的未来。我们有能力治愈过去曾经恐惧的一切，或者至少与之达成和解。我们可以用更明亮的回忆替代痛苦的回忆，不再像受伤或者失望的孩子一样去看待这些回忆，而是用富有共情能力的成年人的视角去看待。如果过去消极的经历阻碍了你前进的步伐，感受一下释怀伤痛的感觉。现在你

也已经为人父母，能明白这是一件多么具有挑战性的事。有时候我们会向自己不断重复讲述那个伤心的故事，仿佛讲得越多越会有安慰作用。这听起来可能有点奇怪，但你内心可能有种声音让你拒绝释怀过往的痛苦。如果你能潇洒地放手，便一定能获得解放与自由。如果你就是无法克服，试着绕开它，并向前走。学会感恩当下所拥有的一切，燃起希望的火苗，对前方的一切保持健康的乐观态度。我们被外界鞭策着不虚此生，这些都比不过对孩子的期待所带来的激励作用。你有能力为自己，为孩子创造一个积极的未来。

过去不过是回忆，未来还是酝酿中的梦，只有当下才是生活对我们的馈赠。

参考文献

Behson, Scott. "Five Things You Should Know About Working Dads." *Time*, March 5, 2014.

National Association of Child Care Resources and Referral Agencies. "Mothers in the Work Force." 2012.

Norwegian Institute of Public Health. "How Are Children Affected by Maternal Anxiety and Depression." *Science Daily*, October 24, 2013.

O'Connor, Thomas, et al. "Maternal Antenatal Anxiety and Children's Behavioural/Emotional Problems at 4 Years: Report from the Avon Longitudinal Study of Parents and Children." *The British Journal of Psychiatry*, June 2002.

Taborelli, E., et al. "Maternal Anxiety, Overprotection, and Anxious Personality as Risk Factors for Eating Disorder: A Sister Pair Study." *Cognitive Therapy and Research*, Vol. 37, Iss. 4 (August 2013).

"Why Working Dads Don't Talk About Balance." *BBC Capital*, June 26, 2015.

CHAPTER 7
第 7 章

压力对时间观的影响，以及应对之道

　　20 世纪见证了与压力相关的精神疾病、身体疾病的惊人增长，其中有些疾病甚至还会危及生命，比如说心脏病。截至 20 世纪 50 年代，美国先后有几位总统患上心脏病，这种以男性病患为主的疾病开始得到关注以及细致的研究。直到新世纪之交，心脏病还仅仅被当作男性才会罹患的疾病，医学界总体上认为女性患上这种病的概率不大。在最近的这 10 年内，我们所认识的一位女护士还在教导女性如何在心脏病发生之时，在急症室得到应有的重视和诊治。但是，如今女性心脏病患者数量飙升已经是不争的事实。疾病控制和预防中心（Centers for Disease Control）公布：心脏病实际上已经是美国男性和女性死亡的头号原因。

　　近来的一项研究揭示了一个惊人的趋势：工作压力大的女性患心脏病的概率比工作较为轻松的女性高出 70%。米歇尔·艾伯特

（Michelle Albert）博士是哈佛大学医学院附属布莱根妇女医院的心血管医学教授，她对 22 000 名女性进行了长达 10 年的研究，研究成果最近发表在一本在线期刊 *PLoS ONE* 上面。艾伯特博士称，从事主动型工作（高要求，高控制感）且承受高压（极低的控制感）的女性比起从事被动型工作（低要求，低控制感）且压力较低（低要求，高控制感）的女性更容易患上心脏病或其他血管疾病。这背后的原因是什么呢？是主动高压型工作的压力太大，使得女性也像男性一样采取暴饮暴食、抽烟等不良行为方式，还是这些工作中涉及的压力因素本身就会导致危险的高血压，又或者是两者都有影响呢？

这些数据背后蕴含的信息是什么？它们或许说明的是女性要平衡家庭生活和主动高压型工作面临的压力比男性更大。但男性也好，女性也罢，我们的心脏和心灵都不应当持续承受如此巨大的压力。按照传统的说法，心脏应该是用来装载友爱、真诚、理解以及希望，而不是用来承担高压，饱受冠状动脉疾病的摧残的。

之前我们已经说过，现代女性面临着"全能"和"大包大揽"的挑战和要求——不过这些要求现在也迅速拓展到男性身上。面对不切实际的期待，我们不得不迫使自己去做一些超出人类能力范围的事情，甚至不惜牺牲自己的身体健康和幸福。压力对我们产生了众多影响，其中之一就是降低责任心，以及使我们疏于照顾自我。我们可能会产生一种消极的现在导向思维。女性由于每天都有许多"不得不做"和"必须完成"的事情，根本没有时间好好照顾自己，没有时间好好刷牙或锻炼，没有时间和别人聊天——甚至没有时间和伴侣亲热。疏于自我照顾可能会严重摧毁身体健康和人际关系，同时引发一系列的精神乃至身体问题，进而导致患上心脏病。

压力与心脏

　　包裹在头盖骨中的人脑分为左右两个半球，同样地，我们的心脏也有一个包含两个节点的脑部结构。J. 安德鲁·阿穆尔（J. Andrew Armour）博士在 1991 年首先提出了"心脑"这个术语。他的研究表明，心脏内部的神经系统也颇为复杂，可以称之为"微型大脑"。保罗·皮尔索尔（Paul Pearsall）在他的著作《心脏密码》（The Heart's Code）中写道，心脏的结构远比我们想象的要复杂——不仅仅是供血，它还负责指挥细胞间的配合协作，对我们的生存至关重要。心脏和大脑一样，也有肌肉记忆。

　　美国心脏数理研究所（HeartMath Institute）的研究表明，心脏传送给大脑的信息要多于大脑传送给心脏的信息，心脏的律动会影响我们的感知以及大脑处理信息的能力，并且心脏传递给大脑的信号会影响我们的情感体验。这份最新的结果说明，一颗健康有活力的心脏对生活的影响比西方文化所想象的要大。该研究确认，负面情绪可能会导致神经系统紊乱，正面情绪则有益于神经系统的正常运行，而关注积极情绪有助于我们增强自身免疫系统，同时能带来生理方面的益处。

　　那么我们的健康和幸福是更依赖于心灵，还是思想呢？这就如同一个"先有鸡还是先有蛋"的问题。我们如何思考，如何感受，或者如何关心自己的身体，似乎这些都无从比较。人既有思想和身体，又有生命力，只有采取全面的方法平衡三者才能改善我们所追求的生活质量。不管你打算从哪一方面开始，维持积极的心态将是确保各方面健康的关键因素。

心脏有记忆

一年前，罗丝遇见了一名年长的高加索妇女，刚接受过心脏移植。这名妇女来自美国中西部地区，性格开朗。在接受心脏移植之前，她不喜欢吃辣，滴酒不沾，对运动也没什么兴趣；但在心脏移植后，她爱上了玉米片蘸墨西哥辣酱，变得爱喝啤酒。更莫名其妙的是，她还开始看篮球比赛。面对这些不可思议的转变，这名妇女决定要找到心脏的捐献者。原来给她捐献心脏的是一位因车祸意外逝世的非洲裔美国篮球运动员。她把发生在自己身上的事情告诉了这位捐献者的母亲，这才惊奇地发现原来玉米片、啤酒和篮球正好是捐献者生前最爱的三样东西。这名内心充满感激的妇女相信，这颗此刻在她胸腔里强烈跳动着的年轻心脏在某种程度上延续了之前的记忆。她非常珍惜这份保留下来的记忆。

压力成为储存在心脏中的记忆

心脏病通常不是无缘无故发生的，它与我们长年累月所承受的压力有关。上文提过，心脏是有记忆的，而高血压则是心脏对过往的紧张经历的肌肉记忆。当心脏存储的过往负面记忆超负荷时，它就会向我们发出警报。到那时，心脏就会变得像一头愤怒的大白鲨，给我们最沉痛且通常是致命的一击。

我们的一位采访对象在这方面有过一段独特的经历。在四十岁出头的时候，艾米感到自己处于崩溃边缘，于是她决定主动消除生活中所有的外部压力源。艾米未婚且没有小孩，在把吃力不讨好的生意转手他人之后，她便开始去追求以前梦寐以求的关系。后来，那段关系以失败告终，艾米因此大受打击，变得郁郁寡欢，甚至患上了人生中第一次高血压。她拒绝了男方提供的高额分手费，结束了一直经营的小生意，选择回到乡下过简单的生活。她找了一份新工作，每天可以步行上下班，每周只需出勤几天，也没有任何实质性的工作要求。

这位女士知道，能够做出这样的尝试，自己已经非常幸运了，毕竟绝大多数人根本没有这样的机会。但是，让她感到意外的是，她还是会因为一些鸡毛蒜皮的事感到紧张兮兮。很明显，紧张已经成为她的一种本能反应，与外部因素和外部刺激无关。她变得高度警觉，对任何风吹草动都保持警惕。压力已经成为她日常生活的一部分。艾米发现，导致她时刻感到紧张压抑的不是周遭的生活环境，而是她对压力因素的习惯性反应。一旦艾米能够管控好自我压力，她就能关注生活中的美好事物，以及过去经历中的积极方面，从而摆脱恐惧，收获幸福。

积极的压力与消极的压力

压力通常被认为是消极的东西，不同人对压力会有不同的反应。同一个惊喜派对，对一个人来说是惊喜，对另一个人来说可能就是惊吓。从积极的方面看，压力给我们完成任务提供了动力——例如为了考试而学习，或者在截止日期前完成任务；当我们完成任务时，就会感受到良好的自我感觉。从消极的方面看，如果我们不断在工作上遭受压力（例如被老板或同事霸凌，或者忍受不安全的工作环境），并且想要在下班之后回归正常生活节奏（例如接小孩放学，做晚饭或者洗衣服），我们面临的就不仅仅是紧张的人际关系，还有紧张不安的心情。

过度紧张会影响我们对事情的处理方式，使我们对一些平时能正常处理的事情采取过激的反应："善良温婉的女性"霎时间变成了"来自地狱的恶妇"。这个女人沮丧、愤怒，时而还带有敌意；说好听点是"喜怒无常"，说难听点就是"神经兮兮"。"温润的小伙"也可能变得暴躁易怒、心浮气躁、尖酸刻薄。但是这些过激的反应只会加重我们的内疚感，进而导致压力的增加。压力的增加最终可能引发高血压。相关研究表明压力还会影响凝血方式，增加心脏病发作的风险。

你的心脏

尽管我们有时会变成"来自地狱的魔鬼"，但我们本质上是善良的。当我们偏离这种本性时，有什么方式可以帮助我们恢复，重新变得友爱、开放、体贴、积极呢？我们可以学习一些自我缓解的技巧，比如意识呼吸、冥想，或者散步，等等。这些只需要我们进行一些思考，无须耗费多少时间。通过控制这些简单的行为，我们就能消除心脏肌肉记忆所造成的过激反应，避免高血压过早地磨损心脏，导致心脏崩溃。自觉自律是长寿的不二法门。通过有意识地关注自己对压力的反应，以及紧张的时候想办法镇定下来，我们就能获得重新前进的力量。

在争分夺秒的世界里，大部分人并不总是有时间盘腿坐在垫子上冥想二十分钟。不过现在有一些工具能帮助我们在短时间内获得冥想二十分钟的效果，我们开发的 Aetas 应用程序通常只需耗费三分钟乃至更短的时间。不管是自学（比如祖母用的十秒深呼吸法）还是使用现代设备上的一些自助应用程序，我们都需要找到一些便捷的方式来安抚大脑和心灵。我们需要意识到，给自己腾出这些时间是有价值的。毕竟，如果我们屈服于压力的束缚，就无法陪伴所爱的人，给他们提供支持。我们都想过上美好的生活，尽情去享受。

压力与匆忙症

另一个文化因素是美国工作准则在 20 世纪下半叶发生了变化。个体匠人让位给了大规模生产，对精湛工艺的追求让位给了对出品速度的极致追求。尽管招聘的人越来越多，但是公司不招聘行动缓慢的人。从工业革命开始，西方世界越发关注大规模商品的生产速度。在亨利·福特（Henry Ford）的推动下，装配线的简化技术和大规模生产的创新得到了极大的完善，汽车的价格大幅降低，提高了民众对汽车的购买力。我们的生活方式受到极大的颠覆。汽车不再是富人的玩具，而快速替代马匹和马车，成为新型的交通工具。几十年之内，洲际高速公路系统迅速将全美各地连接在一起，帮助人们拓展了生活疆界，开阔了视野。新鲜食物在全美各地通畅往来，甚至反季节果蔬都被运往美国家庭乃至世界各地的餐桌上。

但从某个时刻开始，对快速生产的渴望已经远远超过了对质量的要求。工人们的目标就是尽其所能提高生产效率，"经久耐用"的生产教条早已让位给"计划性淘汰"的底线要求。多数美国人还沉浸在丧失市场地位的惊愕之中，但事实就是，美国人在自己制定的游戏中被其他国家打败了。这其中涉及诸多经济问题，不过这不是我们讨论的重点，我们想说的是，这种求速不求质的观念已经对美国商业模式产生了不良影响。赚钱成了唯一的目标，质量问题却一再被忽视。大师级工匠曾经引以为豪的技艺，以及作为匠人的骄傲都已消磨殆尽。速度优先于质量。这种充满压力、让人不甚满意的生活及工作方式渗透到了人们所做的几乎每一件事情中。这种"加快、加快、再加快"的心态已经影响了美国文化中的整整几代人。

对速度的追求

多数人在某个时刻都经历过加德纳·麦钱特（Gardner Merchant）所谓的匆忙症。麦钱特是一名食堂承包商，为了评估英国业务的发展需求，他调研了当地约 10 000 名对象的匆忙症。从定义上看，匆忙症是"一种行为模式，以持续性的匆忙和焦虑为特征；一种压倒性和持续性的匆忙感"。说得严重一点，匆忙症还可以被定义为"一种疾病，患病者长期认为时间短缺，因此总是以更快的速度完成各项任务，并在遭遇各种形式的延迟时感到慌乱"。听起来应该不陌生吧？

技术的快速扩张，技术能力和便捷性的指数级增长似乎应该为我们带来更便捷的生活方式和更充足的休息时间——智能手机帮助我们轻松实现即时沟通，电脑帮助我们进行瞬时问答，帮助我们紧跟不断增长的需求。但让人不解的是，技术带来的不仅仅是解决方案，还有新问题。结果就是，在这个憧憬速度和技术的世界里，匆忙症正在人群中弥漫开来。

"闲暇时间"是什么

曾经，人们是有"闲暇时间"的，这是令人极为期待和享受的一段时光。几十年前，人们热衷于思考如何支配闲暇时间。在晾完衣服，洗好碗筷，清理好家庭用车，拍打完地毯上的灰尘之后，一家人就会围坐在一起享受一场"露天电影"（一个电影院，包括大型户外电影屏幕、放映室、售货摊位，以及一个宽敞的停车区，方便顾客坐在车上舒适地看电影。不过这种情况现在已非常罕见），或下午打一场保龄球（一种游戏，把一颗球推向一条木制轨道，击倒排列为三角形的十个球瓶），或打一场迷你高尔夫（在设有障碍的迷你高尔夫球场上用杆推球），或者参加野餐（打包食物，到户外就餐）。

后来，技术的突破带来了今天我们习以为常的新型家电：烘干机、可清洗锅碗瓢盆的洗碗机、用于洗车上蜡的得来速（drive-throughs）、加热预包装食品的面包机和微波炉、清理地毯垃圾和地板尘土的扫地机器人。这些宝贵的设备都是想增加我们的闲暇时间（最新的说法是"娱乐时间"，即用于放松和休闲的时间）。但讽刺的是，尽管有了这些高科技设备，我们的闲暇时间却是越来越少。《今日美国》最近的一份调研表明，大部分美国人表示自己的忙碌程度逐年增加；与此同时，不断加快的生活节奏让我们有陷入"时间陷阱"的感觉。

"火箭速度"的说法不是毫无缘由的

如果持续以这种超高速的方式生活，总有一天我们的身体、精神、情感都会崩溃。我们的身体和心灵并不能承受持续性的高压。我们会因此变得暴躁易怒，会因为沮丧和疲惫而心烦意乱，甚至会因此而哭泣，血压飙升（最后居高不下），心脏衰竭。根据社会心理学家罗伯特·V. 莱文（Robert V. Levine）博士的说法，生活节奏最快的城市中男性患冠心病的概率最高。不过，我们觉得，这并不意味着女性患冠心病的概率就比男性低。

你有匆忙症吗

如果你怀疑自己患上了匆忙症（不管是偶发的，还是长期的），事实可能就是如此。匆忙症有如下迹象：

- 结账时从一条队挪到另一条队，因为另一条看起来更短（排起来更快）。
- 数数前面的车，然后进入车辆最少或者通行最快的车道。
- 同时处理多项任务，以至于遗忘了其中某项任务。
- 不小心把衣服穿反了。
- 穿着白天的衣服睡觉，以节约早上的时间。
- 疯狂寻找没有丢失的东西——头上戴着的太阳镜，另一只手拿着的钥匙。

匆忙症的治疗

　　现实已经非常清楚了，所谓的节省时间实际上是在剥夺我们的生命。那么，怎么应对这种情况呢？其实我自己也曾因为工作繁忙饱受匆忙症的折磨，但如今已经在某种程度上"被治愈了"。下面是我们整理过的一些有助于遏制这种心理疾病的建议：

⌛ 慢下来——不需要慢到刻意拖慢进度，但可以放缓一下速度，告诉自己事情总能完成，不是非要现在完成，明天完成也不赖。

⌛ 深吸几口气——练习冥想或者呼吸法，想象新鲜的空气在你体内循环，身体重新焕发活力的感觉。给匆忙的一天按下几分钟暂停键，这有助于你集中精力，以全新的活力（或者至少看起来更为理智）重新启航。

- 暂时离开——即使是下楼去洗手间洗手，整理思绪时也要这样做。我们的大脑一次能吸收的信息量是有限的；简短休息有助于大脑恢复清醒，清空重启。

- 常怀感恩——不是抱怨手头的任务做不完。我们得到了很多美好的馈赠，我们只是需要不断提醒自己去记起生命中那些特殊的人和事。花上一点时间来转移注意力和改善心态通常效果惊人。

- 保持积极心态——多多回忆过去的美好时光，有选择性地享受当下的快乐时光，并且腾出时间规划更美好的未来。

欲速则不达

"Festina Lente"（古希腊原文的拉丁文翻译）是一句古老的谚语，使用了矛盾修辞法，意思是"缓慢地加速"。这句谚语在历史上被多位名人和名门望族用作座右铭，尤其是奥古斯都（Augustus）、提图斯（Titus）、美第奇家族（Medicis）。罗马历史学家苏埃托尼乌斯（Suetonius）曾说道，"缓慢地加速"是奥古都斯最喜欢的谚语，他最反对的就是草率鲁莽的军事指挥。奥古斯都最为人熟知的言论有"指挥官宁愿小心谨慎，也不要大胆鲁莽"和"做得好就是做得快"。

放在今天来看，这句话的意思是做事应该权衡好短期拼搏和长期努力。如果过于着急完成任务，就难免会犯错误，长期来看效果也不好。许多人已经接受了这个理念，历史上甚至出现了相关图腾来传达这个概念。让·德·拉封丹（Jean de la Fontaine）在其著名的寓言故事《龟兔赛跑》中就暗示了这个道理，他写道，乌龟"靠着谨慎的智慧缓慢地加速"。

季节性压力：假日忧郁或者季节性情绪失调

下面这种情况你应该不陌生：昨天本来心情不错，但今早起来压力顿生，不仅要处理日常琐事，还要处理所有突然被置顶的假期事务。比如给家人朋友准备礼物，抓紧时间打电话给一年没联系的亲戚，准备去超市的清仓甩卖血拼，思考穿去派对能显瘦的衣服，等诸如此类的事情。通常分散在一年不同时段的特殊时刻，比如生日和各种纪念日，都集中到假日的这几个星期了。这似乎应该是让人开心的事情，但你却心情低沉，陷入"抑郁"的深渊。这仅仅是特定场景下的反应，还是你可能患上了季节性情绪失调？

凯瑟琳·施赖伯（Katherine Schreiber）为上述问题提供了答案和其他参考信息。此外，我们觉得有必要就传统的"假日忧郁"和后来出现的"季节性情绪失调"这一概念分享一些内容。

1.假日忧郁出现的原因是什么——当我们在说"假日忧郁"时，具体指的是什么？假日忧郁有什么症状和特征？假日忧郁就是季节性情绪失调吗？

假日忧郁就是人们常说的在节假日期间感受到的压抑情绪，以及相应的压力。这种症状可能从感恩节前就开始，并且一直持续到新年之后。顺便说一下，忧郁又称作"蓝色情绪"，这一说法源自几百年前，"蓝色"指的是用抑郁来征服人类的"蓝色恶魔"，不过这类解释一直备受争议。在过去几年中，用"蓝色情绪"代称情绪低落的状态，或者抑郁情绪，在医学界已经是惯用做法。假日忧郁不同于季节性情绪失调。

2. 季节性情绪失调对假日忧郁有什么影响？

患有季节性情绪失调的人出于生理原因通常伴有临床抑郁症——这与身体的运行方式有关，而且通常是由于冬天较少的阳光直射而引发的生理反应。季节性情绪失调一般要持续好几个月，假日忧郁只会持续一小段时间，而且与特定场景有关。季节性情绪失调通常伴随抑郁所引发的身体和心理变化，比如说入睡困难或者睡眠过多，食欲降低或者胃口提高，精神不振，记忆力减退，处理问题困难，暴躁易怒，更糟的是没有欲望跟人相处。季节性情绪失调的治疗有时会要求患者多晒太阳，这有助于身体应对发病季节白昼时间过短的问题。

假日忧郁则没有那么复杂的症状。假日忧郁只会在特定场景下出现，是一种心理上的悲伤和压抑。换句话说，过去发生的一些事情（可能就是今年的某个事件）导致你在假期内感到压抑。

3. 我们应该怎样更好地应对假日忧郁——情绪低落的前、中、后时期可以采取什么策略（行为或其他应对方式）？我们怎样更好地享受假期，避免拆开礼物后，或者一切回归正轨后（回到办公桌前，继续日常任务，努力回到高效的工作模式）的情绪低落？

第一件事，拥抱这个时期里的欢乐、友爱和给予。这里所说的给予是那种发自内心的馈赠，而不是假日里互赠的那些商业礼品。不要吝惜你的笑容和笑声，而要理解体贴他人，尤其是在不方便的处境下，比如在收银台排队时。当然，可能我们这一天也过得不舒心，但别人可能过得更糟！另外，不要吝啬表达自己的感激。给予别人应得的赞美，这能让他们开心一整天。

第二件事，提前规划，让生活更轻松。如果你觉得任务太重（比如说要参加无数活动，或者在百货商店里冲破人群去抢那份特殊的礼物），那么就减轻自己的负担，尽量有选择地支配时间。当然，有些义务是必须履行的——比如拜访亲戚，但也有一些是可以舍弃的。与其去商场和别人抢破头，倒不如在网上购物，把时间省下来陪家人和朋友。早点行动，并且利用好业余时间做些事情。不要给自己过多的负担，避免被假日里的不良情绪所折磨，试着和伴侣、孩子或者朋友共同分担。

朝着积极的方向调整心态，做到少一点纷争，多一点理解，低落的情绪就能有所缓解。假日忧郁的苗头出现时，应该告诉自己这些感觉都是暂时性的，告诉自己一定能熬过去。尝试用微笑的力量照亮自己和身边人的内心。

第三件事，学会辨认并处理情绪的诱发因素。过去发生的事情并不妨碍你在当下的时期享受快乐。努力去改变你对过去的消极看法，并矫正由此产生的行为。驻足当下，欣赏当下积极的经历。你不需要一辈子都沉浸在年复一年的假期忧郁里。关注当下的美好，拥抱新体验，让自己开心起来。就从今年开始打破这种情绪的怪圈，结束不断错失良机的行为，迎接一个又一个的可能性。我们有能力拥抱这个时刻——新的时期，新的一年，新的自己。

4. 对假日忧郁（不管是非专业人士还是专业人士）最大的误解是什么？

最大的误解可能是认为并没有所谓的假期忧郁，或者认为它不存在。但实际上它是确确实实存在的。患上假期忧郁并不需要吃药，但如果你认为自己出现了一些症状，可以适当进行一些反思。假日忧郁可能算不上临床疾病，但它确实存在，并且会干扰我们的情绪和思维长达数周，乃至更长时间。

5. 假期中（假期后）关注的东西如何改变我们的心境——采取什么样的策略可以改变关注的焦点，确保我们在假期结束之后能有更开朗和健康的心态？

节假日内关注的内容固然重要，但或许更重要的是我们关注这些东西的方式。这一切都关乎个人选择。我们可以通过思考来决定自己采取消极还是积极的方式。比如说，往年这个时间可能发生了不愉快的事情，但与其总是反复回忆过往，沉浸在悲伤和失去当中，倒不如选择记住假期里的美好经历。如果这听起来太复杂了，那么就从小事做起——留意美妙的灯光和装饰，留心常青树的气味。记住那些特殊的时令食物的味道，还有从凛冽的风中进入室内感受到的温暖。总是停留在过去的负面经历会对当下的经历产生不良影响，也会阻碍我们对明天的期待。所以还是选择积极的方式吧！

6. 这些建议是否适用于不同年龄阶段、不同婚育情况、不同性别的人群？如果不适用，不同点在哪里？针对特定人群是否应该强调不同的特殊问题？

我们的建议不适用于儿童和处于青春期初期的青少年，因为他们在把握未来和未来型思维上存在困难；这些建议也不适用于患有诸如阿尔茨海默病等老年疾病的长者。除去这些人群外，这些建议的适用对象不分年龄，不分婚育情况，不分性别。

最容易有假日忧郁情绪的是老人。这很好理解，因为老人的配偶、家人、朋友都开始纷纷离去。也许他们从家里搬到了养老院，或者搬去和成年子女同住。他们可能失去了活力、精力和健康。他们如果还有一些老年病，可能就无法实践上面提供的建议。但是，他们值得被关爱、关注和尊重。如果这个假日你打算去拜访老人，记得和他们谈谈过去的一些积极的事情，把老人的过去纳入你积极的当下。

对其他所有人来说，回顾过去的积极经历不是一件难事——不管生活显得多么暗淡，总会有一些美好时刻。我们需要做的不过就是选择去记住哪些事情——可以是过去美好的事情，也可以是当下美好的事情。还可以尝试用积极覆盖消极。减少假期的日常负担，简化日常流程有助于减轻压力，使假期更为光明愉悦。优先安排那些能够愉悦身心，拉近家人朋友之间距离的活动。也许可以和年轻一代分享一些简单、有意义的传统活动……或者组织一些新的活动。最后，爱惜自己，给自己留点时间。

食物与压力

你是否留意过一些朋友（或者你自己）假期之后体重上涨的情

况？这或许是因为他们在法国品尝了许多美味的法棍，又或者是在意大利吃遍了各种意面，也有可能他们只是去了拉斯维加斯的自助餐厅饱食了来自世界各地的美食。

我们在放假时容易表现得像现在享乐主义者，放任享受平常不会去吃的新式、豪华的食物和饮品。我们尽情享受食物的美味。基于对未来的考虑，多数情况下我们都会选择健康的饮食——我们想要一直保持苗条的身材以及健康的身体。但也有例外，当我们想要庆祝过去某个事情、某个传统节日或者生日时，我们就会制作许多有象征性意义的食物，暂时改变节日中的饮食结构和饮食方式。

食物、传统、文化

食物、传统、文化三者总是并肩而行的。至少我们现有的一些饮食习惯和智慧基本上是从父母那里传承下来的，而父母也是从他们的父辈那里代代传承下来的。这些行为又基本上可以追溯到与这些饮食习惯相关的特定文化和文化心态上。

如果我们关注全球的肥胖趋势，就会发现美国肥胖率最高，而日本肥胖率最低。这个情况让人好奇，毕竟美国和日本的食物丰富程度和民众受教育程度相似，而且两国人民面临同样的生活压力，以及工作时间长而假期少的现实。

亚洲文化与美洲文化

亚洲文化与美洲文化最基本的差别之一就是看待食物的方式不同。亚洲文化把食物看作维系生命的营养品，而美洲文化把食物看作一种快乐的享受。亚洲文化讲究克制饮食，冲绳有一句俗语叫"腹八分"，意思就是"吃到八分饱"，反映的是一种未来导向的思维方式。而在美国，四处可见餐厅挂出"吃到饱"的标语来吸引顾客，即时满足和便利才是王道。结果，亚洲人的寿命普遍比美洲人长（冲绳的百岁老人数量为全球之最），与年龄相关的疾病也更少。如果肥胖的问题在美洲持续蔓延，恐怕当代美国儿童（"X世代"和"千禧一代"）的寿命将短于他们的父辈，这在历史上将是首次。

食品消费和国家时间观

不同文化享用食物的方式千差万别。法国人是有选择的现在享乐型。法国人不会狼吞虎咽，但看到喜欢的食物也不会克制自己，他们会以适中的分量品尝喜欢的美食。法国人不仅喜欢吃，而且进食时间相当长，平均每天耗时2小时22分。法国人通常在外面吃，饭后还会约着聊天散步。他们从小就懂得分辨食物的好坏，而且被要求欣赏本国的烹饪技巧，并且要定期参加此类活动。不过法国如今也面临着肥胖的问题，越来越多的法国人宁愿吃即食食品，也不愿花点时间自己做一顿。结果，法国的年轻人开始吃那些高糖分、高热量的快餐。

苏格兰的肥胖率高于美国。他们的饮食中有许多高糖食物和饮料、高脂肪的肉类制品，以及许多苏格兰著名的酒类产品。苏格兰人吸烟的比率也很高。很久之前，苏格兰传统的饮食结构颇为健康，包含燕麦、新鲜海产品、肉类和蔬菜。但工业革命的到来在某一层面上导致了这一饮食结构的彻底转变。英国是世界上第一个完成工业化的国家。从19世纪开始，大量人口从乡村迁移到了城市，而在这个过程中，许多人逐渐丢失了先前健康的饮食习惯。今天在城市工薪阶层中，还存在着对"合适"食物的蔑视。对食物的过去消极观点使许多人固守现在的不良饮食习惯。

意大利人在饮食方面持有过去的积极思维，他们多是根据家庭食谱来准备一日三餐，而且一家人经常要聚在一起吃饭。在意大利人看来，食物需要好好品尝、珍惜与回味，并且应该在家人朋友的陪伴下慢慢享用。意大利人的午餐和晚餐时间都很长。意大利人会尽量多准备一些日常菜品，甜品和一些有名的丰盛菜肴则留到特殊场合。他们通常采用烘焙和烧烤的加工方式，不喜欢煎炒食物。他们喜欢用新鲜的橄榄油，不像美国一样用黄油。意大利人和法国人一样，重视饮食中的社交，也喜欢在饭后一起散步。美国、法国和意大利在饮食方面的另外一处不同体现在早餐上，法国和意大利的早餐分量小，而美国的早餐分量很大。

过去积极或过去消极的食物经历

几年前我们采访了十几位中年妇女，十几人中除一人之外，都有自己专属的"安慰食品"，通常是母亲做来奖励她们，或者在她们难过或失望时鼓励她们的一道甜品。她们津津有味地与彼此分享那份过去积极的回忆，以及那时发生的细节。在随后的采访中，唯一没有"安慰食品"的那位被访者对这个结果感到很惊讶。尽管因为没有共同经历，让她无法融入那次谈话，但她私下还是感激母亲没让自己变成对食物上瘾的"吃货"。

还有一些人会反感特定食物，无法忍受它们的味道。这可能就是我们自己，也可能我们身边的某个人。出现这种情况是因为小时候有被迫咽下某种食物的经历，通常是在餐桌上和父母的长期拉锯，最终抵抗无效而不得不吞下。这种"战争"永远没有赢家。

这是我们的选择

美国出现大规模饮食失调现象，背后的原因是情感障碍问题的流行，以及食物方面时间观的严重不平衡。不可否认，我们对食物的集体意识大体上是基于感觉的，而不仅仅是味道、传统或者常识。我们会把食物和不同的情感联系起来：一家人一起分享面包意味着爱与接纳；"美食家"的称呼是一种赞赏，不懂欣赏食物则让人羞愧；食物充足时，感到滋润与安全，食物不足时，感到匮乏与沮丧。

作为成年人，我们应该能够摆脱过去负面或正面的影响，用理性成熟的方式决定自己的饮食。我们的身体和健康反映了我们每天所做的决定，我们认为，探索时间观对于饮食习惯的其他影响方式是非常有意思的。

美国人倾向于认为自己是独立个体，从而忽略文化和社会关系这些外部因素对个人饮食结构、饮食方式，以及饮食时间和地点的影响。但近年来的相关研究清楚表明，肥胖是由社会关系和基因共同决定的。我们建议你阅读尼古拉斯·克里斯塔基斯（Nicholas Christakis）和詹姆斯·富勒（James Fowler）2011 年在后海湾出版公司（Back Bay Books）出版的《大连接》（Connected），这本书的副标题是"社会网络是如何形成的以及对人类现实行为的影响"。任何人的体重都与配偶、兄弟姐妹，或者好朋友的体重直接相关。肥胖是一种社会模仿行为，如果大家都接受肥胖，对此没有什么疑问，你就难免管不住嘴，吃得身材走样。

现代文化中非自然行为的压力

　　社会学和考古学研究表明人类本质上追求合作。生存的本能让我们团结在一起互帮互助，那些我们认为是遵守了"黄金规则"的利他行为实际上是人类本质的要求。可是在残酷的现代社会里，人类逐步偏离合作的本质，走向竞争和冷漠。这一切是怎么发生的呢？这种对真正自我的偏离又是怎样导致我们现在所面临的压力的呢？

　　你是否注意过在高速公路、城市街道上穿梭往来的路人？他们没有任何交流，甚至在需要确认安全情况时也不会进行眼神交流。但当你进入一条乡村小路，相互打招呼、微笑，甚至握手的人就变多了。在人烟稀少的乡村地区，邻里之间最近可能也要相隔一英里[⊖]，但人们却一直秉承着紧急时刻互帮互助的传统（想想"谷仓聚会"）。在乡村，邻里之间相互依赖，其亲密程度比拥挤的大城市里只隔一堵墙的邻里要强得多。

　　有研究表明如果把过量的老鼠同时置于迷宫，这些老鼠会变得好斗并开始互相攻击。社区越拥挤，暴力行为越普遍，这种情况并不奇怪。自工业革命起，人们就开始聚集在城市里，为了工作、房子、食物和其他生活必需品不断竞争。因为空间有限，资源有限，人们无法生活在一个富足的环境内，反而在各种事情上受限。邻里社区之间不能互相信任、互相帮助，整个环境充满竞争、恐惧和猜疑。

　　除了在实际遇到危险时要保持小心警惕之外（不管是避开来往车辆还是过马路躲开一个凶神恶煞的人），我们对于潜在的危险情况也需

　　⊖　1 英里≈1.6 公里。

要保持高度警惕。如果生活的地方比较偏僻，我们应该时刻保持这种警惕。我们不会建议你放下戒备，但也有一些方式能让你在关注环境、确保自己安全的同时，还能保留一些人文关怀。

旁观者效应

你也许听过善良的撒玛利亚人的寓言：一个来自撒玛利亚古城的男人看到地上躺了一个人，在许多路人视而不见的情况下，他停下脚步施以援手。这个撒玛利亚人遵循的是黄金规则：推己及人。几千年后，澳大利亚、加拿大、以色列、美国等国家纷纷出台法律来保护那些给伤者、病患、身处险境或行动不便的人提供帮助的"善良的撒玛利亚人"。这些法律旨在减轻旁观者的疑虑，让他们勇于向别人伸出援手，不用担心因意外伤害、过失致死而被起诉或控告。

理想的世界是人人在危难时刻彼此互助。我们在潜意识里认为"这么做是因为有一天我也可能需要帮助，希望到时候有人能伸出援手"。这就是互惠的利他行为：以现在对他人的帮助换取某天他人对自己的帮助。但现实是，这个黄金规则每天都在面临挑战。身处困境的人得不到他们所需的帮助，旁人会转移视线，把头扭向另一边，并快速走开，对他们的诉求置之不理。这种情况就是众所周知的"旁观者效应"或者"旁观者冷漠"。"这个效应由社会心理学家约翰·达利（John Darley）和比布·拉塔内（Bibb Latané）提出，20世纪60年代纽约市发生臭名昭著的凯蒂·吉诺维斯（Kitty Genovese）命案时，他们正好在纽约大学任教。尽管凯蒂在被袭击时大声呼救，但她所住的大型公寓中的居民没有一人出来帮她。

你会帮忙吗

我们都认为自己在路见不平时，比如看到有人在车祸中受伤或者遇袭时，会挺身而出施以援手。然而事实却是我们多数人都不会这么做，可能是因为这么做不方便，或者我们不想卷入这些事情中，又或者我们认为总有人会停下来提供帮助。另外，有些人尽管不愿主动提供帮助，却有时间停下来拍照拍视频，并把这些传上网。有趣的是，过去 45 年的研究结果表明，突发事件的目击者越多，有人站出来提供帮助的概率就越小。为什么会出现这种情况呢？黄金规则为什么不起作用了？我们能做些什么让自己更为积极地参与呢？

我们为什么不帮忙

一个可能的原因是，当我们不了解情况时，总会从别人身上寻找线索来判断局势。我们会关注别人做了什么，没做什么。我们关注别人的反应，以此决定自己下一步的行动，而这有时会导致错误的决定。这就是所谓的"多数无知"——团体中的多数人都默认某件事情，并且错误地认为其他人会采取相反的看法。例如说，当我们开车经过车祸现场时，我们可能认为已经有人打给 911，或者已经有人下车帮忙了。"多数无知"经常在各种不同的情况中发生。

梅利莎·伯克利（Melissa Burkley）在其文章《我们为什么不帮忙？少即是多，旁观者效应之我见》（Why Don't We Help? Less Is More, at Least When It Comes to Bystanders）中分享了以下几个例子：

"多数无知"解释了为什么我的本科学生通常不在课堂上问问题。假如有个学生对于课上刚讲过的内容有不理解的地方，想要我再解释一下。在举手提问之前，她可能会先环视一下四周，看看是不是其他同学也有疑惑的表情，或者也把手举了起来。如果没人看起来很疑惑，她就会认为自己是唯一没有理解的人。为了不让自己显得那么愚蠢，她可能就会放弃举手提问。但作为老师，我发现如果有一个学生感觉不清楚，那么基本上其他多数学生也是一样的。因此，在这种情况下，整个班的学生都陷入了多数无知的困境，因为每个人都误以为自己是唯一一个没听懂的，而实际上所有学生都没听懂。当我们遇到情况不明的紧急事件时，同样的事情也会发生。所有的旁观者会通过观察彼此的表现来确定现场是否发生了犯罪行为，如果没人有反应，其他人就会误以为什么也没发生，因此也没有人会站出来帮忙。

责任分散

约翰·达利和比布·拉塔内的研究表明，责任分散是旁观者效应发生的第二个原因。他们在多年的研究中发现了一个矛盾的现象：目击者的数量越多，每个目击者对于帮助别人的责任感则越少。结果就是，如果每个人都认为其他人会提供帮助，那么最终没人会这么做。在对研究对象进行采访之后，达利和拉塔内发现尽管这些旁观者绝不是冷漠无情的性格，但他们不认为自己有采取行动的责任。被研究者不认为自己是基于其他旁观者的反应来决定是否提供帮助，这说明我们并没有意识到他人对自己决策过程的影响。事实上，我们没有意识到那种情况下默认的社会规范——别出头。

达利和拉塔内认为旁观者的责任感取决于以下三个因素：

⌛ 是否认为事件中的人值得帮助
⌛ 旁观者的能力
⌛ 旁观者和受害者的关系

我们能够做些什么

如果你和其他旁观者一起目睹了一起紧急事故，记住你和他们都有逃避提供帮助的本能。但一旦你意识到责任分散的问题正在发生，而帮助受害者是所有人的责任，那么你就可能会采取行动。一旦有人开始提供帮助，其他人也会很快加入进来，因为此时出现了新的社会规范——出点力。这就是一个人带动的力量。

如果你在帮忙时需要别人的协助，可以看着其中某个旁观者的眼睛，告诉他你需要帮助。直接请求某个人的帮忙能增强他的责任感，使得他更加投入。你可以掌控局面，分配任务，缓解责任分散的情况。如果你是受害者，那么情况也是一样的。不是简单地喊"救命"，而是指定某个人帮你做某件特定的事。比如说，让穿蓝色衬衫的人把你扶起来，同时让抱着狗的那个女人打电话给911。

英雄想象计划

津巴多创办了英雄想象计划，旨在帮助个人学会在各种艰难的处境下做出有效决定所需要的技巧和意识。我们每个人都有成为英雄的潜力，通过学习一些基本的技巧就能变成训练有素的英雄。我们开发了许多实用项目，可以帮助人们获得有意义的洞察，也可以提供一些

有助于改变消极现状的、创造积极改变的日常工具。我们教导不同年龄
阶段的人挺身而出、大胆疾呼，采取明智有效的行动，以此来成为日常
英雄。

我们每个人内心都有一个在危机时刻就会登场的英雄。如果你认
为别人可能需要你的帮助，就行动起来。你拯救的也许就是一条生命。
你就是让世界变得更加美好的现代版的撒玛利亚人。

消解良心的沉重负担

除非精神失常，否则我们都会经历懊悔，为自己在人生的某个时
刻犯下的错误感到深深的后悔和自责。我们最为熟知的就是"买家懊
悔"：这种懊悔发生在某次或者某几次购物（通常是大件）之后，通常
是由于想到购买的这些东西太贵了，或者其他原因，比如再晚一点入
手价格会更优惠。我们还可能因为被欺骗，或者故意做了伤害别人的
事情而感到懊悔。这种懊悔的感觉把我们禁锢在过去的负面经历中，
每当我们看见自己购买的物品、伤害过的人，或者想到以往做的事情
有多过分时，这些经历就会浮现在脑海里。我们越懊悔，就越觉得自
己本来可以做得更好、更快、更正确，心情也就更沮丧。

真正懊悔的不仅仅是结果

记者兼作家米尼翁·麦克劳克林（Mignon McLaughlin）说过："让
人真正懊悔的绝不仅仅是当时造成的后果，还有当时的目的。"麦克劳
克林说的不是那种买家懊悔，而是那种我们明知不道义却依然这样做

所带来的懊悔。我们故意伤害或者故意打击别人。

我们在临床中发现来访者不时会出现懊悔的情绪：有个高中生期末考前拿到了试题的答案（结果被抓到并被开除）；一个承包商答应帮几位老客户修理或装修房子，却带着首付款逃跑了（后来被判处监禁）；一名公司员工因为不受重视、工资低心生不满，盗窃公司物品（后来被开除）。不过，你可能也想到了，更常见的情况是懊悔的情绪之所以会出现是因为故意伤害他人，具体包括散布谣言、诋毁别人，以及在某方面欺骗配偶。

真正的懊悔会引发焦虑

我们很难判断以上内容中提到的高中生、承包商以及心怀不满的员工是否有过真正的懊悔。当然，所作所为被发现并按要求做出补偿肯定会使他们感到内疚和焦虑。但在不被发现的情况下他们会不会真正对自己的动机感到懊悔就无从知晓了。对高中生来说，他的动机是提高考试成绩；对承包商来说是偿还赌债；而对那名公司员工来说，则是得到他认为自己理应获得的东西。

不过，在我们所接触的多数案例中，大部分人在伤害他人，尤其是伤害朋友或者家人之后都会感到深深的焦虑——有时情况还会更严重。为什么会这样呢？因为这些人意识到自己是在有意给别人造成痛苦和伤害，而这么做会摧毁那段人际关系。

停止，学习，原谅，前进

戒毒成功的人往往会为过去的行为后悔不已。"十二步骤康复计划"（Twelve Step Program）[⊖]旨在帮助那些正在戒除某种习惯的人在生活中做出切实积极的改变，不过对其他人来说，这项计划也能提供一些启发。在完成该计划的第一步到第七步，恢复健康的状态后，就可以按照第八步和第九步的指示来补偿那些我们曾经伤害的人。一定要对自己进行严格的道德审查。只有经过这些痛苦的步骤，我们才能获得明智的建议，才能有所反省，治愈过去的创伤。弥补那些我们伤害过的人，治愈过去是构筑积极未来的基石。如果你没有多年无法释怀的过往，那么你还有可能通过更温和的方式去构建积极的未来。但如果你确实需要弥补一些事情，那么最重要的还是对自己坦诚，对那些你曾经伤害过的人坦诚。

当你开始为某些事情懊悔时，请尽快停止这种做法！深吸几口气，思考过去那些负面经历发生的原因。这不是件容易的事情，因为你很可能把事情怪罪到别人头上。别忘了你自己也有责任，想想当时如果采取其他做法是否结果就会不同。是不是本来有"康庄大道"，你却偏偏选择了"羊肠小道"呢？这是培养积极心态的第一步，能帮助你避免在将来采取类似（"糟糕"）的行为。你改变不了过去，但你可以选择不重蹈覆辙。你可以从每次的经验中吸取教训，告诫自己永不再犯。记住不要用破坏性的现在享乐（强制性的、短期的）眼光去做决定，要考虑每个决定对未来的潜在影响，每次做决策时都应该如此。

接下来可能是最难的一步——寻求原谅，首先是寻求自己的原谅，然后是寻求那些你伤害过的人的原谅。如果出于某种原因你无法获得对方的原谅（比如说对方已经过世，或者使你懊悔不已的对象是一个公司），那么就设想自己获得了原谅，然后继续生活。但只要你能联系

⊖　"十二步骤康复计划"在全世界，尤其是在西方国家，是非常流行且有效的团体心理治疗方法，旨在帮助人们戒除各种成瘾症。——译者注

上那个人，见面的时候你就可以这么说："对不起，我伤害了你。我做错了，请你原谅我。"

真正的懊悔 = 感激

再进一步说，当我们真正感到懊悔，认清责任，思考动机并做出补偿时，我们就会感激这个经验教训——尽管要做到感激极其困难。我们有机会从中吸取经验教训，渡过难关。我们可以选择改善自己，提高觉悟，为自己创造更光明、更友善、充满爱的未来。

参考文献

Darley, J.M., and B. Latané. "Bystander Intervention in Emergencies: Diffusion of Responsibility." *Journal of Personality and Social Psychology,* 1968.

Darley, J.M., and B. Latané. *The Unresponsive Bystander: Why Doesn't He Help?* New York: Appleton Century Crofts, 1970.

Ind, Jo. "Post Style: Slow Down, You Move Too Fast; There Is an Illness Which Is to the 90s What So-Called Yuppie Flu Was to the 80s" and "Hurry Sickness Is a Sign of Office Stress." *The Birmingham Post* (England), July 21, 1999.

Levine, Robert V. *A Geography of Time: The Temporal Misadventures of a Social Psychologist.* Basic Books, 1998.

第8章

过幸福且有意义的生活

两百多年前，托马斯·杰斐逊（Thomas Jefferson）在《美国宪法》中写下这样一句话："我们认为下面这些真理是不言而喻的：人人生而平等，造物者赋予他们若干不可剥夺的权利，其中包括生命权、自由权和追求幸福的权利。"

一眨眼，两百多年过去了……今天，当我们依旧苦苦追求幸福时，是否丢失了生活的"意义"呢？所有迹象似乎都在指向一个肯定的答案。杰斐逊在讨论幸福的生活时，或许他所谓的幸福就是无须像先人一样，为了生存忍受生活的苦难。但对今天的大多数人来说，生存已经变成了一件无须发愁、理所应当的事情。

尽管我们可能认为幸福（或者说追求幸福的过程）有助于改善对自我和生活的看法，但研究发现人生的充实感其实更多源自不断发现自我存在的意义——不管是在一天结束的时候，还是在生命的终点。

埃米莉·伊斯法哈尼（Emily Esfahani）在那篇精彩绝伦的文章《生活不仅仅是快乐》(There Is More to Happiness than Being Happy) 中写道："快乐是当下的一种情绪体验，最终会如同所有的情绪那样烟消云散；积极的情绪和愉悦的感觉总是转瞬即逝。情绪好坏的时间会影响幸福的体验，但对意义没有任何影响。意义是经久不衰的，它可以从过去延续到现在，再传递到未来。"我们深以为然，也愿意贡献自己的职业力量，帮助尽可能多的人实现这种人生意义。

追求幸福

站在今天的角度看，昔日的幸福简单纯粹：可以随身携带武器抵御法国和英国入侵者，有瓦遮头，不愁温饱，能生火御寒，或者能卖点手工艺品补贴家用。这些事情在今天看来理所当然，但对生活在美国建国初期的人来说，却都是天大的幸事。

幸福在于需求和欲望得到满足，这一点从过去到现在一直没变。唯一有所改变的是，今天对幸福的追求变得越来越"自我"了。现代人时常觉得"生活苦闷"，为此需要源源不断的娱乐、消遣或刺激。我们生活在一个消费者导向的社会里，只有不断购物才能让我们获得发自内心的愉悦；我们身边充斥着媒体大肆报道的"极端"事件，因此我们对报道的数量和质量、爆炸性和时效性的期待不断攀升。但即便如此，幸福还是像之前说的那样，转瞬即逝。如今的幸福是以当下为中心的当下享乐主义，意味着欲望必须即刻得到满足。从本质上讲，现代社会对于幸福的追求已经变成了一种"索取"行为。

即使到了今天，世界上绝大多数人依然还在温饱线上挣扎。这些人中大多认为，能够在酒足饭饱之后躺在温暖的床上，口袋里有点余钱，有个像样的住所，而无须担心在晚上受到袭击，就是天赐的幸福了。然而，相关研究显示，幸福感最强的人群中似乎就有一部分来自最贫困的地区。贫困的处境让这些人更团结。他们互相分享、互相帮忙，他们最关注的就是社区、家庭以及对彼此的关爱。尽管生活条件很差，但这群生活最拮据的人却似乎有能力从更广意义上的生活要事中找到幸福。或许对他们来说，所谓"幸福"是一种更深层次的满足感，这种满足感源于他们的信仰——只要互相扶持过好每一天，守护好过去的传统习俗，生活就会充满意义，未来也将充满希望。

追寻意义

负面经历或许会降低我们的幸福感，但能给生活增添意义。痛苦或不愉快的经历往往能够锤炼性格，这些经历所带来的沉痛教训又有助于增强同理心，加深我们对自己和他人的理解。我们发现，把重心放在当下的人更容易获得快乐，但愿意深入思考未来或者思考过去的挣扎与困难的人更能体会到生命的意义，尽管他们没那么快乐。那些有生活目标，或者说以助人为己任的人，虽然要面对生活的穷困潦倒，但他们对生活的满意程度要高于那些没有生活目标的人。追求生活的意义和使命感，其实就是追求"奉献"。

这在帮助处于绝境的人面对痛苦时尤其显而易见。我们会变得更坚强，我们可以通过帮助他人来为自己的未来积攒更多的勇气。维克多·弗兰克尔（Viktor Frankl）是恐怖的奥斯维辛集中营的幸存者，他每天都专注于寻找自己存在的意义，以及噩梦结束之后未来的意义。他的经典专著《活出生命的意义》（*Man's Search for Meaning*）非常值得一读。

面对过去的悲伤、痛苦和失败，我们不该一味沉浸在悔恨或退缩中，还应该从中学会坚韧、果敢，让自己在痛苦中成长。有人说，我们需要经历逆境的锤炼，也需要享受生活的富足，只有这样我们才能学会坚强，养成沉稳的性格，发掘出自己的潜能并成为真正的自我。

幸福与意义

总的来说，幸福不是追忆过去，也不是展望未来；幸福是生活在当下，享受即时的愉悦。从本书的观点来看，幸福的人应该是当下享乐主义者：他们活在每一个具体的瞬间，他们追求愉悦和新奇。对他们来说，最美好的事情就是有时间和朋友相处，有时间玩耍，有时间进行天马行空的想象。下面总结一下我们的临床发现。持有过去消极时间观的人通常过得不幸福，因为他们总是纠结于过去那些负面、痛苦的经历。持有过去积极时间观的人主要关注过去的美好时光。持有未来时间观的人是注重完成事情的行动派，他们以成就为导向；在极端的情况下，他们可能成为工作狂。尽管我们承认这些人对生活的意义会有更强的感知，但这种未来型思维可能会促使他们延迟个人满足，错过当下的一些快乐。

究竟应该如何平衡幸福和意义？我们一起来探索一下吧。

你在贡献还是破坏

我们像离弦之箭一样飞速冲向未知的未来，回头一看，才惊觉自己已经走过了如此漫长的旅程。我们穿越了千年的农业时代，二百多年的工业时代，来到了今天的信息时代。眨眼间，信息时代也发展了四十年了。文明在我们的推动下加速发展，这种快速发展反过来也影响着人类社会。好的一面是使我们能同时完成许多事情，不好的一面是产生了一些负面影响，包括带来人口爆炸问题，以及对虚拟世界和视觉影像成瘾的问题。这意味着我们当下面临的是一个一体两面的"孪生时代"：既是可持续的时代，也是想象的时代。没有自然母亲的干预，什么也阻挡不了我们；我们会继续向前推进这个"孪生时代"。但是，如果我们对自己所居住和管理的这颗唯一的星球足够尽职尽责，就应该在某个时刻扪心自问：我所做的一切是在给这个美丽新世界做贡献，还是搞破坏呢？

可持续的时代

技术的进步使我们能够把梦寐以求的东西转变成现实，但我们是否有能力去维持这些创造呢？在这个关键时刻，我们有必要学学美国原住民的"七世代原则"：我们现在每做一个决定，都应该考虑这个决定对未来七代子孙的影响。过去，为了迎合增长的需求，美国采取了各种短期求成的应对方案，包括同时进行海陆石油开采，利用转基因技术提高食品的质量，沿海开设工厂以便处理工业废品等。然而，事实证明，这些临时方案不仅目光短浅，而且可能会为长期的发展埋下隐患。

我们是否为了弥补空虚和无奈，错误地沉迷于追求物质利益、最新最棒的玩意儿呢？我们有过一段为了追求空洞的幸福而自我放纵，追求不加节制地购物的时光，现在是时候在社区、国家，乃至全球范围内改变当下享乐消费主义的现状，把重心转移到对未来积极人格的培养上了。我们是时候认真收拾残局，改变现在不良的生存环境，让地球恢复碧水蓝天了。但愿我们已经准备好为了子孙后代的福祉，不惜一切确保生命可持续发展，并在这个过程中找到满足感。把当下对快乐的追求，以及竭尽所能改善环境的使命感通过多样化的方式结合起来，有助于平衡幸福感和更有意义的生活体验。我们相信，跳出自我，抛开对自我即时满足的考量，用心感受如何最大限度地造福家人、朋友和世界，就是找到生活的幸福和意义的关键所在。

想象的时代

创造力和想象力推动着科学技术的发展。爱因斯坦曾经说过"想象力比知识更重要"。如今几乎没有什么事情是人类办不到的——你能想到的大部分事情都能实现。在很多人看来，创造力和想象力已经成为影响经济发展的最重要因素。未来就是此刻，我们可以从虚拟现实和用户创作内容的爆炸式增长中瞥见未来的样子。我们的社交方式和工作沟通方式在过去二十年间发生了彻底的转变。

不久之前，书信往来所耗费的时间还是几天甚至几周。说句题外话，纪录片导演肯·伯恩斯（Ken Burns）曾经表达过这么一个观点，未来人们要再现过去、保留历史将会更困难，因为现在几乎没人用书信往来了。没有书面交流资料，人类学家和历史学家将失去重要的信息来源，无法感知某个时期。现在的电子邮件，除非打印出来保存，否则这些信息最终也会消失。而当前有关废除纸质书籍和新闻杂志的趋势也可能导致书面历史在未来某一天彻底消失。

新技术的发展首先催生了电报，不久之后，电话也出现了，人与人之间无须见面也能实现语音沟通。过去，人们聚集在客厅里一起演奏音乐和唱歌。后来，一家人可以温馨地聚在一起收听广播节目，再后来还可以坐在一起看最爱的电视节目。现在，我们可以通过电子邮件和网络即时获得信息，电话已经被短信所取代，甚至网络聊天也让位给了短信。我们可以在电脑和手机等智能设备上随时随地观看任何节目。我们只要动一动手指，就能通过群发电子邮件、群发信息或者通过"谷歌环聊"（Google Handouts）来和几个人甚至几千人同时交流。我们可以即时地观看、收听、学习其他文化。在这些技术进步对生活产生了惊人的影响的同时，我们又付出了什么代价呢？我们是否为了追求全新的方式而彻底抛弃了旧有的方式？是否因沉迷于网络空间和电子设备而丢失了和人的联系？

我们需要时间进行真正的交流，需要时间和孩子、朋友一起回味经典游戏，需要参与一些创意项目，或者到大自然中活动身体。艺术课、手工制作和相册制作等娱乐休闲活动的逐步流行恰好说明即使是在当今这个时代，我们仍然需要一些能释放想象力以及动用双手的创意活动。人类偏好这种实时的、能亲身实践的人际交流活动，因为这些活动不仅能在当下愉悦身心（当下享乐主义），而且能在我们规划和参与此类活动时培养我们的未来积极时间观。

我们通过想象和创造，巧妙地运用网络空间改善了生活的便捷性，我们还创造了一些能居家办公的工作。我们把整个虚拟世界囊括进个人世界里，但因此在自己和他人之间构筑了一道无形的墙。我们在线上交流得越多，线下面对面的交流和社交也就越少。但我们必须找到一套自己的方法来平衡这两端——既要充分利用现代技术，也要和我们关心的人保持有意义的、真诚的交流。心理学家塔拉·布拉克（Tara Brach）说过：“与人相处时，用心聆听是表达爱的最基本，也是最深邃的方式。当你给予对方关注，真正地去倾听和陪伴时，对方的心就会自然而然地敞开。这就是唤醒心灵最基本的训练——用心倾听，真诚陪伴。”

做贡献者，不要做破坏者

在这个可持续和想象并存的孪生时代，是做贡献者还是破坏者，最终选择权在我们自己手上。我们可以选择做当下享乐的“索取者”，耗尽所有珍贵资源，把对子孙后代的责任抛到脑后，让他们自行处理我们留下的残局；我们也可以选择做未来导向的“奉献者”，不断运用想象力去创造更光明、更积极的未来，致力于给子孙后代留下充满爱与希望的遗产。选择权在我们手上，我们是选择做贡献者还是破坏者呢？你又会怎么做呢？

正确地谋生

“你是做什么的？”以这句话开场的对话恐怕你听过不少，也经历过不少。美国文化过于注重个人的职业身份，而忽视一个人作为个体的存在。如果我们无法在工作中获得满足感，轻则会降低我们对工作的兴趣，重则会摧毁我们的自尊心。我们都希望有一份能引以为豪的、对自身有意义的工作。这种选择奉献型工作的谋生观念值得赞扬，然而现实中不是所有人都能成为医生、老师、警察或者治疗师。不过我们还是可以在自己的工作中找到使命感。

当下劳动力市场对于速度的追求远远高于对质量的追求，工作和我们期待的相差甚远。此外，即便从事的不是高危工作，我们也可能身处糟糕的工作环境（即使没有直接的威胁），面对各种不公、霸凌和性骚扰。除开睡眠时间，我们大部分时间都在工作谋生，那么应该怎样调整自己，以更好的心态去面对自己的职业呢？当然，如果我们觉得在工作中受到威胁，那么向外寻求援助是必需的；但如果我们的问题在于工作完全是为了领薪水，那么我们可以寻求一些方式来提升自己的工作体验。

工作中的自豪感

今时不同往日，如今的劳动者不再以追求精湛工艺为自豪，他们通常只追求达成最低目标，只投入时间但不愿多费心思。但是，任何值得做的事情都值得用心做好。调整好自己的心态，不管自己做的事情多不起眼，只要好好完成了就应该为之自豪，只有这样你才能以更加昂扬的态度面对工作。谁知道呢？也许有人会注意到你的努力并给予相应的回报，也许没有。但美德本身就是嘉奖，凡事尽力而为，只求无愧于心。想象一下如果每个人都能够尽心尽力做好每一件事，那该是怎样的一个世界。

如果你的工作技术性不强，面临的挑战也不多，那么你只要专注于做最好的自己，生活就会很美好了。一个微笑、一个友好的姿势、一句暖心的话语，以及对于同事、顾客乃至老板的一个积极回应都能让工作环境活跃起来，或者至少可以改善你自己的心态。当然，取悦大家可能不在你的职责范围之内（并且过度社交可能是无益的，甚至会制造混乱），但尽力帮助别人，给他人带去快乐能够让你收获一种满足感，进而体会到工作不是生活的全部，生活还有其他更有意义的事情。能定义我们的不是工作，而是我们的本质、我们所做的决定以及所采取的行动。毕竟，我们都是作为"人"而存在，不是作为"打工人"而存在。工作不是我们为世界做出贡献的唯一途径，我们能做的还有很多很多。

案例 1

有一位朋友原本在一所公益学校任职，后来因为学校缩减预算，她的职位被取消了。这件事对她自尊心的打击很大。她认为自己在学校表现不错，也帮助了不少弱势儿童，被解雇让她感受到了身份认同危机。她重新找了一份销售工作，一开始总觉得不如上一份有意义，后来她逐渐发现，在新环境中建立起来的人际关系发挥了意想不到的作用，使她对这份工作的意义有了更深的感受。人际关系的质量能给予我们的成就感，和工作本身的性质能给予的是一样的。不管我们处于什么职位，都可以选择慷慨、选择奉献，以及选择与他人建立有意义的联系。

案例 2

　　我们采访的另一个人是一家艺术家合作社的主管，后来开了自己的画廊。他的画廊重点展出的是本地艺术家和新锐艺术家的作品，已经帮助几位新人开启了璀璨的职业生涯。画廊气氛温馨，配有舒适的座位区，简直就像一片宁静的绿洲。不管是来画廊展出艺术品的承办商，或是路过画廊的人，还是午休时间来顺便逛逛的人，进入到画廊都能感受到一种神圣安宁的氛围。尽管这家画廊并没有带来多少金钱上的盈利，但这个主管收获了很多其他的东西：他认识了很多艺术家并帮助他们把才能展现给大众，他和前来分享艺术品的美丽和愉悦的那些人建立了温暖的联系。

　　上面这些例子给我们最重要的启示就是：不是所有的事情都能用表面价值去衡量。无论何时何地，只要我们能敞开心扉感受生活中的积极经历，就能收获意想不到的意义和满足感。

过上有意义的生活

　　丰富生活意义的方式有很多种，以下一些建议对大多数人都适用。

　　朱莉娅·卡梅伦（Julia Cameron）是《唤醒创作力》（*The Artist's Way*）一书的作者，她倡导用艺术家的审美迎接每一天，并且提供了一些具体建议，包括安排好"计划外的时间"，以及给自由自在的生活腾出时间。这些建议能够帮助我们以艺术家的眼光看待世界（不管我们是不是艺术家），鼓励我们发现身边的美好和奇妙。造物主所有的创造都是美好生活的灵感。大自然的光辉、鸟儿的鸣叫、婴儿的啼哭、形态变幻万千的云朵、祖先仰望同一片星空的神奇体验……当我们去和这些东西接触，并发自内心地感激它们的存在时，我们就是在停下脚步欣赏我们作为人的本性。去旅游也好，去公园散步也罢，逃离日常的生活模式，转变视角有助于我们恢复精神，保持头脑清醒。这些简单的瞬间能够帮助我们稳固自我认知，增添生活的意义。

安妮·M.戈登（Annie M. Gordon）在其精彩文章《留住今日的精彩，收获明天的幸福》（Take a Picture Today, Feel Happy Tomorrow for Greater Good）中提出了一些建议，帮助我们捕捉值得未来品味的日常小事：

- 每天或者每周拍一张照片——不管你在忙什么。年末你就能收获一本现成的年度纪念册。这么做有助于防止我们在日复一日的诸多活动和压力中丢失生命的意义。
- 把周边的环境拍进照片——不要裁剪掉。以后翻看时，照片里的环境和人物一样有趣。
- 在生活相册中详细记录某一天——选定一个日子，每隔一个小时就拍照记录。也许这个日子在当下看来不一定有趣，但将来回看一定会是美好的回忆。
- 写感恩日记——记录每天发生的三件幸事，至少坚持一个星期。你会喜欢上这种回顾每日幸事的感觉。

善良是关键

在痛苦和灾难面前，人们所表现出来的团结一致、互帮互助是无可比拟的（参阅：美国红十字会）。但在日常生活中，有些人对于帮助他人却感到很为难。这是为什么呢？我们判断事物重要性的方式，以及我们看待时间的方式或许就是其中一个影响因素。在本书中，我们一直强调看待过去、现在和未来的方式会对生活产生重大影响，但在问题真正暴露出来之前，其实很少有人会觉察到这些影响。你应该体会过这种感觉——那是一种无法抑制的紧张感，当我们约会迟到、忘记时间、忘了接小孩放学或者当待办事项明明多到连完成一项也很紧张了，事情却还是铺天盖地地袭来时，我们就会体会到这种感觉。这个时候，我们内心经历了什么呢？

除了明显感到时间不足之外，我们可能还会不自觉地想起有关迟到的不愉快的经历，以及曾经付出的惨痛代价。如果已经养成了迟到的习惯，我们会感到类似于以往的失落和自尊心受挫，怀疑自己出了什么问题。我们还可能会有强烈的现在宿命感，觉得"我搞砸了"，也可能产生未来消极的时间观——"如果我不仔细一点，将来一定会遇到很多麻烦"。

时间观反映我们看待世界的方式

时间观不仅影响我们看待自身、他人以及世界的方式，还会决定我们在特定情境下的行为举止。举例来说，当你感觉时间充裕时，就不会介意别人变换车道开到你所在的车道上。但当你快要迟到时，就会觉得让给别人变换车道的那几秒也很宝贵，所以你会加速往前开，不让对方进入你的车道。但仔细想想看——既然已经迟到几分钟了，再晚几秒会有什么影响呢？不过更关键的还是，你对紧急情况的这种应对方式不仅会破坏平和的心态，影响性情的培养，分散开车时的注意力，还会影响你对他人的共情能力，并反过来降低你对自己的评价。

前面是人，不是障碍物

曾在公益学校任职的那位女士坦率地分享了自己的经历。

一天上午，她自己开车去上班。眼看上班时间就要到了，她却还在路上。这本已让她内心非常紧张不安了，而更可气的是前面的司机还开得不慌不忙、漫不经心。不知何故，我们都觉得人坐在车里就是隐形的。她内心也有个微弱的声音告诉自己：别人看不见的。因此，一想到因为这个糟糕的司机错过绿灯，她就沮丧地大吼大叫，用拳头捶打着方向盘。后来，这辆车一路都挡在她前面。让她更愤愤不平的是，这辆车赶在她前面把学校最后一个停车位也占了，于是她只能立刻掉头找另一个地方停车。也许是因祸得福，等她急急忙忙（希望没有那么明显）走进办公室时，才发现比她早到一步的司机原来就是她今天要约见的第一个人！她努力让自己镇定下来，带着一贯的热情和友好走向那个人，所有的怒气在一瞬间就烟消云散了。让她最惊讶的是，直到现在她才把眼前的女人当成一个实实在在的人，而不是把她看作路途中的障碍物。这是一个需要她提供帮助的人，而她也非常愿意这么做。她这才意识到，在她为迟到感到恐慌和愤怒的那些时刻，她已经完全丧失了人性当中美好的品质。此外，她发现那个女人之前没来过办公室，她之所以开得慢是因为担心错过某个路口，担心迟到。

我们对自身和自身处境的看法，以及消极时间观对我们的思想和行为的影响，带来的问题比"暂时迟到的状态"（或者任何其他不愉快的处境）所带来的问题要严重得多，会导致我们陷入紧张，严重破坏我们的精神和身体状态，还可能破坏我们一整天的心情。如果这种过去消极的模式在接下来的日子中反复出现，对我们生活的影响也可想而知了。我们应该怎样增强自身力量，抵抗侵蚀幸福感的消极循环呢？保持善良是一个不错的开始——不仅仅要善待他人，也要善待自己。

爱是善良，而善良就是力量

罗伯特·路易斯·史蒂文森（Robert Louis Stevenson）曾说过："爱的本质是善良。"善良是力量的积极表现，而残酷是力量的消极表现。需要说明的是，因为想从别人身上谋获利益而帮助他人，这不是善良的表现。这种行为是交易，是经过计算乃至操纵的举动。善良是做事不计回报，只享受帮助他人时内心感受到的暖流。以往的研究表明，合作是人类的本质。我们对共同工作、共同娱乐的内在欲望本质上不正是包含了善良的倾向吗？我们相信答案是肯定的。

一所大学的研究显示，善良对幸福感的产生有非常积极的影响。加利福尼亚大学河滨分校的心理学教授索尼娅·柳博米尔斯基（Sonja Lyubomirsky）做了一项相应的实验。参与实验的学生需要每周随机做五件善事，坚持六周。结论是，这些学生的幸福水平最终提高了41.66%。善行对施助者和被助者均有益处。

　　每个人都有能力愉悦他人，或者破坏他人的心情。我们醒着的每时每刻都要不断在两者之中做出选择。了解并利用积极时间观（用过去积极代替过去消极，用未来积极代替未来宿命）有助于我们创造积极良好的当下体验。我们每时每刻所做的抉择都反映了时间观对于行为的影响——无论是对柜台后面的人报以诚挚的微笑、真诚的赞美，还是采取粗鲁的态度；无论是对面临困境的人伸出援手（比如在杂货店里帮助老人取下处于货架顶端的产品），还是装作没看到并快速走过。我们有能力缓解紧张的氛围，改善他人的体验，让他们重新相信"人间自有真善美"。当然，我们也可以选择不那么做。选择善良就是选择为别人、为自己投资一个更加光明、更加积极的未来，选择善良体现了你内心的美好和仁爱。简简单单的微笑就可以传达善意。微笑和笑声是有感染力的。喜悦、感激、幽默和共情的感受，以及公开表达这些感受的意愿本身就是善良的表现，因为世界不仅需要积极向上的精神，也需要对这些精神的回应。每个微小的善举都能对周围的环境产生积极的影响。

快节奏的生活方式正在侵蚀我们的文化礼仪

　　当我们加快生活节奏追赶高速运转的世界时，除了违背本性之外，还牺牲了什么？从过去积极的角度看，年龄稍长的读者可能会怀念那些彼此以礼相待的"美好时光"。那时候，人们在日常人际交往中需要遵守很多不成文的礼仪规范，这些规范通常是出于实践或者得体的需要。

　　曾经在电话礼仪中备受重视的社交和职业技巧就是一个典型的例子。手机（最开始是以分钟计费）的出现立马让我们的交谈变得紧迫，因此不得不精简话语。礼貌和得体瞬间被抛到脑后，就连一句简单的

"再见"似乎也变得多余费时。通话是否已经结束让人难以捉摸。这种说完就立马挂电话的行为还是让人颇为不适的。

过去几年，一些特定的行为被认为是不良示范。臭名昭著的"分手信"似乎就是一种多此一举的做法。一些女孩通过写分手信向士兵男友提出分手，本意其实是不想伤害他们，但还是有人觉得这种做法非常无礼。涉及亲密关系的问题还是应该当面解决。然而，在距离不再是问题的今天，像分手这样的私人沟通却频繁通过一种冷酷而随意的方式进行——短信分手。这样的方式即使在今天也是不恰当的，但这种现象还是一直存在。我们怎么可以在跟某人示爱之后，隔天就把他从生命中抹去，却根本不敢体面地当面提出分手呢？

我们如何才能在现代社会中恢复日常礼仪，延续人的善良本性？我们应该在文化的土壤中培育善良，通过以身作则教会孩子善良，同时在不同场所（家庭、学校、职业场所、道路）鼓励和弘扬善良的品行。过去积极的回忆提醒我们，在遥远的过去，曾经有一个人人奉行黄金规则的时期；未来积极的时间观表明，一些"传统方式"值得保留。善良永远不会过时。

还等什么呢

从今天起，加倍留意时间观对自身行为反应的影响。我们不会因为关注他人、帮助他人缓解压力而蒙受损失，相反会获益良多。我们都能过上友爱和善的生活。善良能即时地给我们所帮助的人以及我们自身提供力量。你需要付出的只是一点点时间，把怜悯转化为点点滴滴的英勇行为，成为"实践中的英雄"。释放你内心深处的英雄气魄，用爱的阳光照耀身边的每一个人。

你的时间已经来临

我们每天都在做决定，这些决定要么在当下带来快乐或痛苦，要么指向更光明或更惨淡的未来，要么消除过去消极的思想或者把我们禁锢在过去。我们理应满怀希望，期待更光明的未来。或许应该就从今年开始做出改变。在规划未来之前，让我们先回顾一下过去的历程。

回顾去年

诸多外部因素和个人选择造就了今天的你。在临床咨询中，我们会让来访者反思自己从去年到当下的转变，尤其是反思去年发生的不愉快经历或遭受的创伤。这种做法在年末总结的时候尤为奏效，不过在其他任何时刻进行也绝不会影响效果，比如生日、纪念日，或者任何有重要意义的时刻。如果你想实践一番，我们建议你先独自回顾，在这之后，可以再和爱人、信赖的家人或亲密的朋友一起回顾。

首先花几分钟放松身心。可以缓慢地深吸几口气。在放松下来之后，回想去年在各方面发生的事情，包括人际关系、工作、兴趣爱好、休闲娱乐，以及自己对生活处境的体会等。既要回想消极经历，也要回想积极经历。尽量不要去追悔自己的做法，去纠结问题的原因，或者去做不必要的假设，这样只会让自己更痛苦。发生过的事情无法挽回。如果你伤害了别人，告诉自己尽快弥补过失。如果你做了一些值得自豪的事情，那么就尽情享受自尊提升的喜悦。如果你觉得自己已经熟练掌握了这种方法，那么你可以将这种方法分享给家人朋友，邀请他们也这样做。

享受当下

理想情况下，回顾去年的积极经历会改善你对当下处境的感受。如果你觉得当下没有值得喜悦的事情，那么你可能陷入了现在宿命时间观。此时最重要的是要意识到生活不是听天由命，你有能力改变、调整不适合自己的东西，创造更美好的生活。我们都有沮丧的时候，如果遭遇不顺，就会陷入顾影自怜的处境。遇到这种情况，我们应该转移注意力，审视自己已经拥有的一切——家人、朋友、健康、住所、食物、工作，等等。然后好好享受生活。

即使再没有时间，也要腾出时间练习有选择性地享受当下，通过一些活动来愉悦自己，感悟生活的美好。试着和别人分享这些经历：

⌛ 散散步，或者边散步边哼歌

⌛ 和家人一起玩游戏

⌛ 打电话给朋友，感谢他们的陪伴

⌛ 去健身房锻炼或游泳

⌛ 养一只毛茸茸的动物

⌛ 去大自然感受四季更替和生生不息的美

⌛ 合理地赞美某人

⌛ 给自己做最喜欢的食物

⌛ 完成一个之前遗留下来的简单项目

享受当下能缓解负面情绪，赋予你继续向前的力量。

规划来年

很多人都是"当一天和尚撞一天钟"。他们认为未来有很多变数，无法掌控，因此看不到提前规划的意义。这种想法是现在宿命论的未来延伸，把未来变得暗淡无光，命中注定。不过，我们可以通过规划下一年，来更好地控制自己的思想，乃至掌控未来。这个规划不一定要很详细，可以是总体的规划，当然如果能加上一些细节的东西就更好了。可以从接下来一两个月的规划开始。下面是一些例子：

- 努力提高在家庭和职场的沟通技巧
- 有计划地联系那些疏远了的亲人朋友
- 准备一个室内植物园
- 制订计划参观博物馆或其他文化场所
- 努力改善健康状况
- 阅读你喜欢且能丰富生活的书
- 每月减少信用卡债务

为下一年做好规划，哪怕比较粗略，也有助于你确立奋斗目标，对自己和未来有更好的期待。提前和家人朋友分享这些计划能确保你完成计划。如果你是视觉型学习者，还可以做一个列表，把事情记录下来，根据时间框架和重要性制定目标的优先级。如果想要新颖一点的做法，你甚至还可以通过制作手账来展示你的奋斗目标，以此鼓励自己，让自己持续聚焦目标。在实现目标和为梦想奋斗的过程中，要考虑实际，同时不要亏待自己。

你的光明未来

如果你重复那些过去做过的事情，那么你只能得到已经得到的东西。如果老一套已经不起任何作用了，也许就是时候采取点措施了。选择权在你手上——要么安于现状，要么向更光明的未来前进。

最好的尚未到来。如果你能放开自己接受所有可能发生的一切，常怀感恩的心去欣赏生活中的美好，心中常怀善良和怜悯，做些对重塑自我最重要的事情，你就一定能平衡好人生中的幸福与意义。

最后，分享几句我们非常喜欢的关于善良的名言：

每天问问自己：今天我是否与人为善？让善良成为你的习惯，世界将为之而变。

——安妮·蓝妮克丝（Annie Lennox）

善良向来无损自由民族的韧性和脊梁。一个坚强的民族无须用残酷来武装。

——富兰克林·罗斯福（Franklin Roosevelt）

保持善良会带来意想不到的效果。太阳能融化冰雪，善良能消除误会、猜疑和敌意。

——阿尔贝特·施韦泽（Albert Schweitzer）

让我们采取更多行动，坚持不懈地为友爱、仁慈、理解、和平筹集资金。

——特蕾莎修女（Mother Theresa）

对他人的善良和体贴是保持年轻的秘诀，对此我深信不疑。

——贝蒂·怀特（Betty White）

参考文献

Baumeister, Roy F., Kathleen D. Vohs, Jennifer L. Aaker, and Emily N. Garbinsky. "Some Key Differences Between a Happy Life and a Meaningful Life." *Journal of Positive Psychology* (2013). DOI:10.1080/17439760.2013.830764.

Boehm, J.K., and S. Lyubomirsky. "The Promise of Sustainable Happiness." In S.J. Lopez (Ed.), *Handbook of Positive Psychology,* 2nd ed. Oxford: Oxford University Press, 2011.

Cameron, Julia. *The Artist's Way.* 10th ed. Jeremy P. Tarcher/Putnam, 2002.

Frankl, Viktor. *Man's Search for Meaning.* Originally published 1946.

Gordon, Annie M. "Take a Picture Today, Feel Happy Tomorrow."

Smith, Emily Esfahani. "There's More to Life than Being Happy."

Zhang, Ting, Tami Kim, Alison Wood Brooks, Francesca Gino, and Michael I. Norton. "A 'Present' for the Future: The Unexpected Value of Rediscovery."

EPILOGUE
结束语

时间观疗法的未来

　　2008 年至 2009 年，当时间观疗法（以下简称"TPT"）还处于开发阶段时，罗丝的丈夫里克·索德（Rick Sword）便提出要研制一款基于 TPT 的视频游戏。索德的想法在当时看来过于复杂，开发成本也极其昂贵。从那时起，各种智能手机应用程序（主要是游戏以及 GPS 等技术相关的应用程序）的研发逐步兴起，产品研发后会提供给期待已久的公众使用，但有关心理健康的应用程序却一直未有人涉及。不过想来也有些道理，一个应用程序怎么能替代一对一的心理治疗呢？需要帮助或者咨询的人一般还是会选择直接到咨询室，购买相关书籍，或者尽量自己解决问题。

　　在那之后的几年中，抑郁、焦虑和压力问题（包括 PTSD）出现的比率在全美乃至全球范围内持续上升。与此同时，智能手机的使用和相关应用程序的开发呈爆炸式增长。心理健康应用程序在获得心理学和精神病学界的认可，成为临床咨询和药物治疗之外的补充治疗手段后，其可行性也在最近一段时间的实践中得到了证明。心理健康应用程序吸引了两类用户：一类用户只需要简单的心理引导；另一类用户出于各种原因不愿或者无法和咨询师面对面交流——也许是出于时间限制，没有保险，住得比较偏远，害怕接受心理咨询会被人说三道四。

以往人们在排队等候、旅行或者放松时都是靠《糖果传奇》（Candy Crush）和《愤怒的小鸟》（Angry Birds）之类的应用程序来娱乐和消磨时间的。现在，人们又多了一种选择，可以考虑把这些时间利用起来，通过更有"营养"的应用程序——能够检测抑郁、焦虑、压力水平和情绪——来维持心平气和，增强幸福感。

TPT 应用程序的演进

2014 年，心理健康应用程序刚刚兴起。在因晚期癌症过世的前几个星期，里克重新提起了制作 TPT 视频游戏的想法，并且让罗丝开发了一些能够帮助人们理解时间观重要性的工具。里克过世后，罗丝和津巴多都同意把 TPT 改造成既实用又实惠的自助型智能手机应用程序。他们进一步拓展了里克的想法：破除地域和时间限制以期帮助成千上万人。他们召集了一个由心理健康专家和游戏（应用程序）设计师组成的团队，开始开发最初的 TPT 应用程序：Aetas。

Aetas 团队的每个成员都为该应用程序的开发、设计和构建贡献了专业知识和独特技能。团队成员情况如下：津巴多，首席顾问；约瑟夫·伦兹（Joseph Lenz）博士，顾问，TPT 私人执业临床治疗师；

布莱恩·梅特卡夫（Brian Metcalf）博士，顾问，夏威夷太平洋大学心理学系副教授；肖恩·扬内尔（Sean Yannell），设计师；克里斯特尔·松德贝里－扬内尔（Crystel Sundberg-Yannell），图形艺术家；瑞安·豪厄尔（Ryan Howell）博士，津巴多时间观量表压缩版量表开发者，旧金山州立大学心理学系副教授；尼古拉斯·菲尤莱恩（Nicholas Fieulaine），顾问，里昂大学社会心理学系副教授，应用社会心理学硕士项目主任；布雷特·摩尔（Brett Moore），音频工程师；罗丝，开发者。

　　主要的 TPT 相关内容节选自《让时间治愈一切》[⊖]（*Time Cure*）一书，所有摘录均已获得约翰威立国际出版公司（Wiley Publishing）的许可。再补充一点重要信息，人在处于紧张状态时，呼吸和心跳速率都会加快。此时可以通过放慢呼吸速度来减缓心率，而冥想则是放慢呼吸速度的绝佳方式。通过部分用户和朋友的使用测试，Aetas 团队发现有效的放松冥想只需不超过 20 分钟，一般两分钟内就可以达到比较理想的放松水平。在多任务处理已成为常态的快速发展的世界里，20分钟是非常宝贵的，但是花两分钟的时间放松或者集中注意力还是可以做到的。此外，我们也注意到，有些人对音频信息（冥想）的吸收比较好，但也有些人更擅长从视觉影像中吸收信息，因此我们还开发了相应的交互式视频"游戏"。总的来说，不管是音频活动还是视频活动，都具有丰富的趣味性。

用户验收测试

　　应用程序和其他产品一样，在发布之前都需要进行测试。Aetas 也不例外。测试用户是我们的家人、朋友、朋友的朋友、同事、同事的

　　⊖　这本书已由机械工业出版社于 2014 年出版。——译者注

朋友，这些测试推动了 Aetas 的不断更新，也为我们提供了重要的反馈信息。测试过后的几个月内，Aetas 改进了不少于 11 次。参与测试的用户提出应该增加冥想活动的种类，并提供了各种各样的主题（见下文的"Aetas 两分钟冥想"）。

Aetas：平衡思维的应用

Aetas（拉丁语，意指年龄、阶段、生命周期、时间或时代）——可在 iOS 的苹果商店中下载，是集教育性、交互性、自我情绪疏导三种功能为一体的创新设计。

教育性——了解主要时间观（过去消极、过去积极、现在享乐、现在宿命、未来）以及时间观使用偏好对个人行为和决定的影响，学会培养理想的平衡时间观，并根据当下情况和个人需求灵活调整。

交互性——Aetas 有两个交互模块：津巴多时间观量表压缩版，包含 15 个问题，可以用于测量个人时间观；视觉辅助工具，帮助你学会调节呼吸，减缓心率，恢复大脑活力。

自我情绪疏导——三个两分钟冥想指导，有助于你平静下来，继续前进，或者在需要的时候帮助你集中精神，完成工作。

Breathe（呼吸）——帮助你宁神、集中和放松。

Letting Go（放下）——帮助你摆脱过去不愉快的经历，收获自信。

Focus（集中）——帮助你放松，恢复精神，收获幸福感。

我们可以根据自己的爱好把冥想背景音设置为歌曲或自然声音。

Aetas 两分钟冥想

用户测试表明 Aetas 上的两分钟冥想项目对日常生活的帮助很大。

参与测试的用户提出开发一款只包含冥想活动和肯定指引的应用程序。他们谈到了一些对自身和他人最有益处的冥想活动，为我们的设计和开发提供了许多主题。"Aetas 两分钟冥想"上的冥想指引如下：

- Acceptance（接纳）——帮助你对他人更加包容
- Beautiful（美丽）——帮助你挖掘真实、内在的美
- Breathe（呼吸）——帮助你宁神、集中和放松
- Control（控制）——帮助你摆脱控制行为
- Creativity（创造力）——激发内在的梦想
- Fear（恐惧）——帮助你摆脱恐惧
- Focus（集中）——帮助你放松，恢复精神，提高积极性
- Love（关爱）——激发无条件的爱
- Negativity（负面性）——帮助你减少负面思想和行为
- Past（过去）——帮助你摆脱过去的负面经历
- Sleep（睡眠）——帮助你宁神、放松，入睡准备
- Stress（压力）——帮助你减少焦虑和压力
- Worthy（价值）——帮助你增强自尊

"Aetas 两分钟冥想"应用程序也已上架到 iOS 的苹果商店中。

凯瑟琳的推荐

凯瑟琳·施赖伯（Katherine Schreiber）是美国流行在线杂志 greatist.com 的一名编辑，她就自己正在撰写的一篇有关心理健康应用的文章联系了罗丝。凯瑟琳在文章《当你负担不起心理治疗时可用的 81 种绝佳心理健康资源》（81 Awesome Mental Health Resources

When You Can't Afford a Therapist）中说："当然，许多人都能从心理治疗中获益。但不是每个人都负担得起这笔治疗费用。所幸的是，还有一些免费或者平价的心理治疗服务，可以帮助你应对几乎所有心理问题。"我们很自豪 Aetas 能被列入凯瑟琳精心整理的优秀程序列表。我们也很高兴罗伯特·韦斯（Robert Weiss）、约瑟夫·伦兹等临床博士能在治疗过程中使用 Aetas 并见证它的积极作用。

词汇表

平衡的时间观——在对过去、现在和未来的看法之间有自由的情感和精神流动，最佳的心理状态。见"时间观"。

美好未来——认为未来不存在情感和精神痛苦的未来时间观，是时间观疗法的目标。对未来会好于过去的希望。

认知行为治疗——一种系统的、目标导向的心理治疗方案，结合了两种谈话疗法：认知治疗（旨在改变非建设性的情绪反应以及不正常的思考方式）和行为治疗（强化目标行为，纠正不当行为）。

未来——见"时间观"。

过去消极——见"时间观"。

过去积极——见"时间观"。

现在享乐——见"时间观"。

现在宿命——见"时间观"。

时间观——心理学术语，意指把个人经历划分为不同时间范畴的过程。过去、现在、未来是三个主要的主观时区。每个主观时区又可细分为两部分，最终划分出六个主要时间观：

⏳ 过去积极——积极视角，关注过往时光、家庭和传统中的美好回忆。

⏳ 过去消极——消极视角，关注过去的苦难、失败和错失的机会。

⏳ 现在享乐——关注享乐、冒险，寻求刺激。另外还有：
- 选择性现在享乐——关注适度的享乐和刺激，通常作为对成就的奖励。

⏳ 现在宿命——相信一切早已命中注定，非人力所能改变，所以顺其自然。

⏳ 未来——注重为目标奋斗，努力在限定期限前完成任务，实现目标。随着时间观疗法的发展，未来时间观进一步分为：
- 未来积极或美好未来——关注乐观的未来。
- 未来消极或未来宿命——关注悲观的未来。

⏳ 超越未来——认为后世子孙的长远未来，或地球的生命高于一切（世俗）事物。

时间观疗法（TPT）——津巴多时间观理论在临床实践中的应用，以时间观为背景；认知行为治疗的发展。时间观疗法由里克·索德和罗斯玛丽·索德在2008～2009年开发，目前已成功应用于治疗PTSD、抑郁、焦虑、压力，也成功应用于个人、夫妻、家庭以及痛苦经历的相关咨询。

超越未来——见"时间观"。

　　津巴多时间观理论——认为个人时间观对其生活和所做选择均有影响的理论。菲利普·津巴多提出的时间观理论强调个人时间观的重要性，以及这些时间观对于个人痛苦和幸福感的影响。陷入六种时间观中的某一种或某几种是导致情绪痛苦的关键因素。平衡的时间观是情绪健康的基石。

附录：津巴多时间观量表

问卷内容

1分：完全不符合

2分：不符合

3分：一般

4分：符合

5分：非常符合

1. 我认为和朋友一起参加聚会是人生一大乐事。 ____

2. 儿时熟悉的画面、声音、味道经常让我想起许多美好的记忆。 ____

3. 命运决定了生活中的很多事情。 ____

4. 我经常思考以往的哪些事情应该换种做法。 ____

5. 我做决定总是会被周围的人和事物影响。 ____

6. 我认为一日之计在于晨。 ____

7. 想起过去我总是满心愉悦。 ____

8. 我做事冲动。 ____

9. 就算事情不能按时完成，我也不担心。 ____

10. 当我想做成什么事时，我会设定目标并考虑达成目标的具体方法。 ____

11. 总的来说，过去好的记忆比不好的记忆多。 ____

12. 听我最喜欢的音乐时，我经常忘记时间。 ____

13. 确保在明天截止日期之前完成任务以及做好其他必要的工作比今晚的娱乐更重要。 ____

14. 要来的总会来，我做什么都无济于事。 ____

15. 我喜欢听人谈论"过去美好时光"中发生的事情。 ____

16. 过去痛苦的经历总在我脑海中重现。 ____

17. 我尽力让自己的生活过得充实，认真过好每一天。 ____

18. 约会迟到让我感到很沮丧。 ____

19. 理想情况下，我会把每天当成生命中的最后一天来度过。 ____

20. 美好时光的快乐回忆总是不经意就浮现在脑海中。 ____

21. 我按时履行对朋友和政府的义务。 ____

22. 过去我曾遭受过虐待和拒绝。 ____

23. 我出于一时冲动做决定。 ____

24. 我每天都随遇而安，不尝试做任何规划。 ____

25. 过去有很多不愉快的回忆，我情愿不去想起。 ____

26. 我的生活需要一些刺激。 ____

27. 我过去犯了一些让我后悔莫及的错误，现在我想弥补。 ____

28. 我认为享受当下正在做的事情，比按时完成它更重要。 ____

29. 我怀念童年。 ____

30. 在做决定之前，我总会衡量得失。 ____

31. 冒险让我不至于陷入无聊的生活。 ____

32. 对我来说，享受人生的旅程比仅仅关注目的地更为重要。 ____

33. 事情很少能按我所期待的那样发展。 ____

34. 我很难忘记少年时期那些不愉快的画面。 ____

35. 如果不得不考虑目标和结果，我就会对活动的过程和流程失去兴趣。 ____

36. 即使当我正在享受当下时，我也会忍不住把它和过去相似的经历进行比对。 ____

37. 世事多变，你无法真正规划未来。　　　＿＿＿＿

38. 我的人生历程被一些我无法左右的力量所干预。　＿＿＿＿

39. 担忧未来没有任何意义，因为我对此根本无能为力。　＿＿＿＿

40. 我稳步推进工作，按时完成任务。　　　＿＿＿＿

41. 当家人在谈论过去的事情时，我发现自己毫不关心。　＿＿＿＿

42. 我宁愿冒险也要让生活充满刺激。　　　＿＿＿＿

43. 我会制作待办事项清单。　　　＿＿＿＿

44. 我经常随心而行，而不做理性判断。　　＿＿＿＿

45. 当我知道还有工作未完成时，我就能抵制住诱惑。　＿＿＿＿

46. 我发现自己容易沉迷于当下的兴奋状态。　＿＿＿＿

47. 如今的生活太复杂了，我更喜欢过去的简单生活。　＿＿＿＿

48. 比起循规蹈矩的朋友，我喜欢随性的朋友。　＿＿＿＿

49. 我喜欢定期举行的家庭仪式和传统。　　＿＿＿＿

50. 我总是想起过去不愉快的经历。　　　＿＿＿＿

51. 只要任务能让我成长，不管再困难再无趣我都会坚持下去。　＿＿＿＿

52. 及时行乐比为了明天储蓄更重要。　　　＿＿＿＿

53. 运气通常比努力更重要。　　　＿＿＿＿

54. 我总是想起错过的美好事物。　　　＿＿＿＿

55. 我希望我的亲密关系能充满激情。　　　＿＿＿＿

56. 总有时间能补上工作。　　　＿＿＿＿

得分计算

在计算得分之前，请把第 9、24、25、41 和 56 题的答案转换一下：
1 换成 5；2 换成 4；3 还是 3；4 换成 2；5 换成 1。

转换好答案之后，分别把每个时间观对应问题的分数相加。把各个时间观所得的总分除以相应的题目数量，所得均值就是这个时间观的最终得分。

过去消极时间观

把下面第 4、5、16、22、27、33、34、36、50、54 题的分数相加，所得总分除以 10。

问题

4. 我经常思考以往的哪些事情应该换种做法。   ＿＿＿

5. 我做决定总是会被周围的人和事物影响。   ＿＿＿

16. 过去痛苦的经历总在我脑海中重现。   ＿＿＿

22. 过去我曾遭受过虐待和拒绝。   ＿＿＿

27. 我过去犯了一些让我后悔莫及的错误，现在我想弥补。   ＿＿＿

33. 事情很少能按我所期待的那样发展。   ＿＿＿

34. 我很难忘记少年时期那些不愉快的画面。   ＿＿＿

36. 即使当我正在享受当下时，我也会忍不住把它和过去相似的经历进行比对。   ＿＿＿

50. 我总是想起过去不愉快的经历。   ＿＿＿

54. 我总是想起错过的美好事物。   ＿＿＿

分数：＿＿＿

现在享乐时间观

把下面第 1、8、12、17、19、23、26、28、31、32、42、44、46、48、55 题的分数相加，所得总分除以 15。

问题

1. 我认为和朋友一起参加聚会是人生一大乐事。   ＿＿＿

8. 我做事冲动。   ＿＿＿

12. 听我最喜欢的音乐时，我经常忘记时间。   ＿＿＿

17. 我尽力让自己的生活过得充实，认真过好每一天。   ＿＿＿

19. 理想情况下，我会把每天当成生命中的最后一天来度过。　　____

23. 我出于一时冲动做决定。　　____

26. 我的生活需要一些刺激。　　____

28. 我认为享受当下正在做的事情，比按时完成它更重要。　　____

31. 冒险让我不至于陷入无聊的生活。　　____

32. 对我来说，享受人生的旅程比仅仅关注目的地更为重要。　　____

42. 我宁愿冒险也要让生活充满刺激。　　____

44. 我经常随心而行，而不做理性判断。　　____

46. 我发现自己容易沉迷于当下的兴奋状态。　　____

48. 比起循规蹈矩的朋友，我喜欢随性的朋友。　　____

55. 我希望我的亲密关系能充满激情。　　____

　　分数：____

未来时间观

　　把下面第 6、9（换分 *）、10、13、18、21、24（换分 *）、30、40、43、45、51、56（换分 *）题的分数相加。带星号的进行分数置换：1=5；2=4；3=3；4=2；5=1。所得总分除以 13。

问题

6. 我认为一日之计在于晨。　　____

9. 就算事情不能按时完成，我也不担心。　　____

10. 当我想做成什么事时，我会设定目标并考虑达成目标的具体方法。____

13. 确保在明天截止日期之前完成任务以及做好其他必要的工作比今晚的娱乐更重要。　　____

18. 约会迟到让我感到很沮丧。　　____

21. 我按时履行对朋友和政府的义务。　　____

24. 我每天都随遇而安，不尝试做任何规划。   ____

30. 在做决定之前，我总会衡量得失。   ____

40. 我稳步推进工作，按时完成任务。   ____

43. 我会制作待办事项清单。   ____

45. 当我知道还有工作未完成时，我就能抵制住诱惑。   ____

51. 只要任务能让我成长，不管再困难再无趣我都会坚持下去。   ____

56. 总有时间能补上工作。   ____

　　分数：____

过去积极时间观

　　把下面第 2、7、11、15、20、25（换分 *）、29、41（换分 *）、49 题的分数相加。带星号的进行分数置换：1=5；2=4；3=3；4=2；5=1。所得总分除以 9。

问题

2. 儿时熟悉的画面、声音、味道经常让我想起许多美好的记忆。   ____

7. 想起过去我总是满心愉悦。   ____

11. 总的来说，过去好的记忆比不好的记忆多。   ____

15. 我喜欢听人谈论"过去美好时光"中发生的事情。   ____

20. 美好时光的快乐回忆总是不经意就浮现在脑海中。   ____

25. 过去有很多不愉快的回忆，我情愿不去想起。   ____

29. 我怀念童年。   ____

41. 当家人在谈论过去的事情时，我发现自己毫不关心。   ____

49. 我喜欢定期举行的家庭仪式和传统。   ____

　　分数：____

现在宿命时间观

把下面第 3、14、35、37、38、39、47、52、53 题的分数相加，所得总分除以 9。

问题

3. 命运决定了生活中的很多事情。　　____

14. 要来的总会来，我做什么都无济于事。　　____

35. 如果不得不考虑目标和结果，我就会对活动的过程和流程失去兴趣。____

37. 世事多变，你无法真正规划未来。　　____

38. 我的人生历程被一些我无法左右的力量所干预。　　____

39. 担忧未来没有任何意义，因为我对此根本无能为力。　　____

47. 如今的生活太复杂了，我更喜欢过去的简单生活。　　____

52. 及时行乐比为了明天储蓄更重要。　　____

53. 运气通常比努力更重要。　　____

分数：____

我的得分

过去消极时间观：____

过去积极时间观：____

现在宿命时间观：____

现在享乐时间观：____

未来时间观：____

津巴多时间观的平均分与理想值

把分数绘制在下方的理想时间观分数表上。从左到右依次连接各时间观分数点。对比所得的折线图和下方所示的理想时间观折线图。

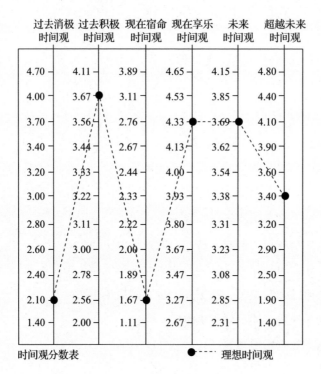

	过去消极 时间观	过去积极 时间观	现在宿命 时间观	现在享乐 时间观	未来 时间观	超越未来 时间观
	4.70	4.11	3.89	4.65	4.15	4.80
	4.00	3.67	3.11	4.53	3.85	4.40
	3.70	3.56	2.76	4.33	3.69	4.10
	3.40	3.44	2.67	4.13	3.62	3.90
	3.20	3.33	2.44	4.00	3.54	3.60
	3.00	3.22	2.33	3.93	3.38	3.40
	2.80	3.11	2.22	3.80	3.31	3.20
	2.60	3.00	2.00	3.67	3.23	2.90
	2.40	2.78	1.89	3.47	3.08	2.50
	2.10	2.56	1.67	3.27	2.85	1.90
	1.40	2.00	1.11	2.67	2.31	1.40

时间观分数表　　　　　●----　理想时间观

致　谢

四年前，当我们开始撰写此书时，里克·索德被诊断出患有晚期癌症。里克是我们的朋友、同事、临床伙伴，也是罗丝的丈夫。本书第 1 章的草稿即将完成之际，里克过世了。在他离世之前，我们答应他会完成此书的写作。

但对于我们剩下的这两个人来说，要从三人之前中断的地方接着往下写实在是一项艰巨的任务。每当我们尝试提笔时，总会想起这位伙伴，想起他对生活和工作的热情。所以，我们把写书的工作搁置了一年，集中精力去完成承诺过他的另一个项目，也就是后来的"Aetas：Mind Balancing Apps"。在完成应用程序的开发和发布后，我们重整旗鼓，继续投入精力，认真创作本书。为了弥补开发 Aetas 而落下的进度，我们笔耕不辍、日夜兼程。

就在这个时候，罗丝的终生挚友、自由编辑安德里亚·库图马诺斯加入了我们。安德里亚帮忙整理我们匆忙发给她审核的章节，指出其中需要充实的地方，并把章节返给我们修改。我们衷心感谢安德里亚提供的专业、明智的建议，衷心感激她愿意在如此高强度的节奏下与我们共事。

我们还要感谢读者。他们的数万条点赞和评论帮助我们明确了那些疑问最多的话题，奠定了本书的章节基础。

我们真诚地感谢斯坦利·克里普纳。斯坦利是我们的朋友、同事，也是里克在赛布鲁克大学的心理学老师，他一直鼓励和支持我们在时间观疗法方面的工作以及其他相关工作。

我们还要感谢在美国海军陆战队的朋友理查德·克里斯特在出版前审阅了我们的书稿，并且感谢他对这份书稿的认可。谢谢你，理查德！

我们还要特别感谢尼基塔·库隆布在本书有关压力与食物那部分所给予的巨大帮助。

最后，给我们深爱的里克，感谢你鞭策我们完成此书。安息吧，里克。我们一定会再相见。

心理学大师经典作品

红书

原著：[瑞士] 荣格

寻找内在的自我：马斯洛谈幸福

作者：[美] 亚伯拉罕·马斯洛

抑郁症（原书第2版）

作者：[美] 阿伦·贝克

理性生活指南（原书第3版）

作者：[美] 阿尔伯特·埃利斯 罗伯特·A.哈珀

当尼采哭泣

作者：[美] 欧文·D.亚隆

多舛的生命：
正念疗愈帮你抚平压力、疼痛和创伤（原书第2版）

作者：[美] 乔恩·卡巴金

身体从未忘记：
心理创伤疗愈中的大脑、心智和身体

作者：[美] 巴塞尔·范德考克

部分心理学（原书第2版）

作者：[美] 理查德·C.施瓦茨 玛莎·斯威齐

风格感觉：21世纪写作指南

作者：[美] 史蒂芬·平克

积极人生

《大脑幸福密码：脑科学新知带给我们平静、自信、满足》

作者：[美]里克·汉森　译者：杨宁 等

里克·汉森博士融合脑神经科学、积极心理学与进化生物学的跨界研究和实证表明：你所关注的东西便是你大脑的塑造者。如果你持续地让思维驻留于一些好的、积极的事件和体验，比如开心的感觉、身体上的愉悦、良好的品质等，那么久而久之，你的大脑就会被塑造成既坚定有力、复原力强，又积极乐观的大脑。

《理解人性》

作者：[奥]阿尔弗雷德·阿德勒　译者：王俊兰

"自我启发之父"阿德勒逝世80周年焕新完整译本，名家导读。阿德勒给焦虑都市人的13堂人性课，不论你处在什么年龄，什么阶段，人性科学都是一门必修课，理解人性能使我们得到更好、更成熟的心理发展。

《盔甲骑士：为自己出征》

作者：[美]罗伯特·费希尔　译者：温旻

从前有一位骑士，身披闪耀的盔甲，随时准备去铲除作恶多端的恶龙，拯救遇难的美丽少女……但久而久之，某天骑士蓦然惊觉生锈的盔甲已成为自我的累赘。从此，骑士开始了解脱盔甲，寻找自我的征程。

《成为更好的自己：许燕人格心理学30讲》

作者：许燕

北京师范大学心理学部许燕教授30年人格研究精华提炼，破译人格密码。心理学通识课，自我成长方法论。认识自我，了解自我，理解他人，塑造健康人格，展示人格力量，获得更佳成就。

《寻找内在的自我：马斯洛谈幸福》

作者：[美]亚伯拉罕·马斯洛 等　译者：张登浩

豆瓣评分8.6，110个豆列推荐；人本主义心理学先驱马斯洛生前唯一未出版作品；重新认识幸福，支持儿童成长，促进亲密感，感受挚爱的存在。

更多>>>　《抗逆力养成指南：如何突破逆境，成为更强大的自己》作者：[美]阿尔·西伯特
　　　　　《理解生活》作者：[奥]阿尔弗雷德·阿德勒
　　　　　《学会幸福：人生的10个基本问题》作者：陈赛 主编